Schöningh

EinFach Spanisch

Andalucía: facetas de una comunidad

Gabriele Heufelder
Hella Klink
Christina May
Julia Schierlitz

Editora: Hella Klink

Sprachliche Betreuung: Nicole García-Grizelj

Westermann Schroedel Diesterweg Schöningh Winklers GmbH
Braunschweig, Paderborn, Darmstadt

www.schoeningh-schulbuch.de
Schöningh Verlag, Jühenplatz 1–3, 33098 Paderborn

Druck 5 4 3 2 1 / Jahr 2017 16 15 14 13
Die letzte Zahl bezeichnet das Jahr dieses Druckes.

Umschlaggestaltung: Jennifer Kirchhof
Druck und Bindung: westermann druck GmbH, Braunschweig

ISBN 978-3-14-048207-3

Índice

Acercamiento

1

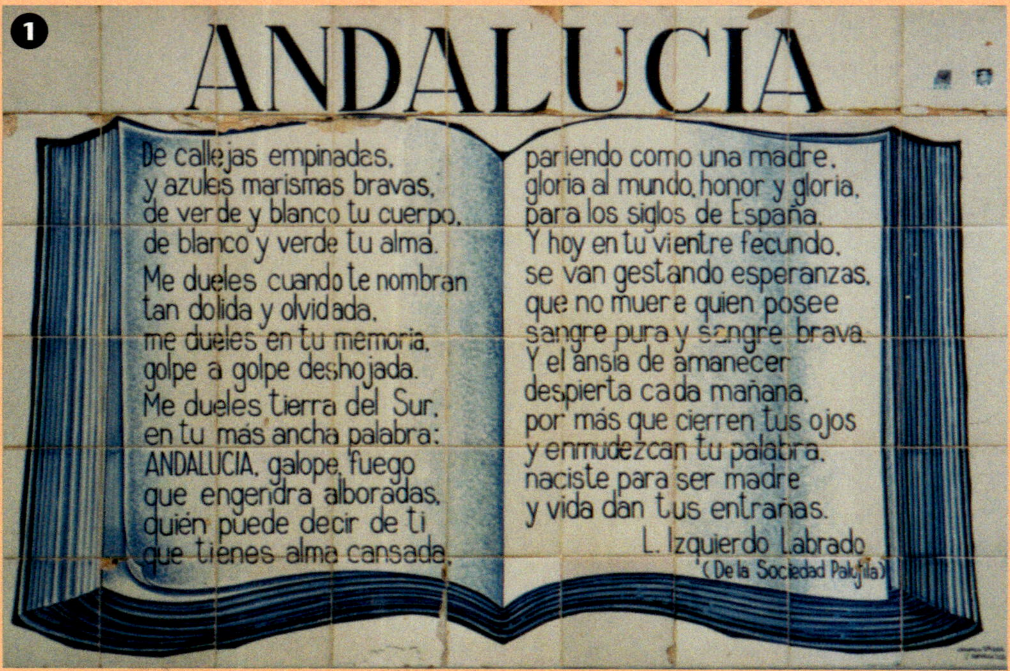

2

3

1. Aproximación a Andalucía

1.1 Dos perspectivas

Una postal de Andalucía

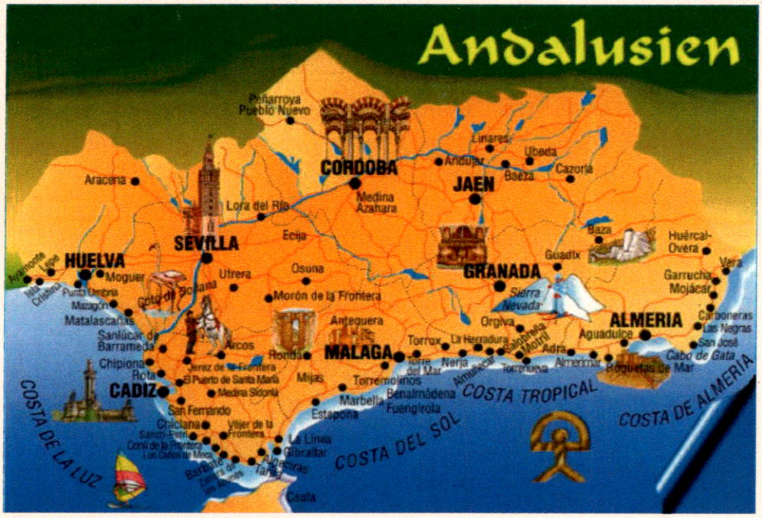

Mapa físico de Andalucía

1.2 Datos clave

Geografía

Con 87.268 km², Andalucía es la segunda Comunidad Autónoma más extensa de España. Es puente de unión entre dos continentes, África y Europa, y punto de encuentro entre el Atlántico y el Mediterráneo. Situada al sur de la Península Ibérica es el punto más meridional del continente europeo.

El límite norte está marcado por la Sierra Morena. El límite oeste está determinado por el río Guadiana que separa la provincia de Huelva de Portugal. El Océano Atlántico y [...] el mar Mediterráneo [...] marcan el límite sur. El límite este está determinado por el contacto entre Almería con el mar Mediterráneo y el Levante español. El Guadalquivir ha creado un valle fértil [...]. Desde su nacimiento en el Este, en la Sierra de Cazorla, a su desembocadura en el poniente, el Guadalquivir es fuente de la vida para el territorio que atraviesa.

El 50% del territorio andaluz es montañoso, una tercera parte se encuentra por encima de los 600 metros, con una gran altiplanicie y 46 cumbres que sobrepasan los 1.000 metros. Por su altitud – el Mulhacén y el Veleta superan los 3.400 metros – la Sierra Nevada, en plena Cordillera Penibética, se erige la reina de las alturas.

http://www.andalucia.org/conoce-andalucia/situacion-geografica/ (ligeramente adaptada)

meridional *südlich*
el Levante *Ostküste Spaniens*
valle (m) *Tal*
fértil *fruchtbar*
desembocadura *Mündung*
poniente (m) *Westen*
altiplanicie (f) *Hochebene*
cumbre (f) *Gipfel*
erigir aquí: considerarse

Dos climogramas de Andalucía y Alemania

Sevilla (España)

Altitud: 14 m
Latitud: 37° 22' N
Longitud: 6° 00' O

Precipitación total anual
584 mm

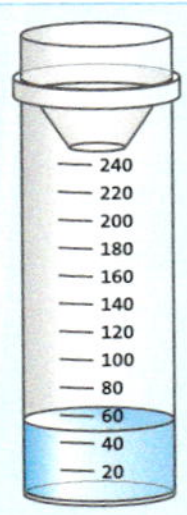

48,7 mm
Precipitación media mensual

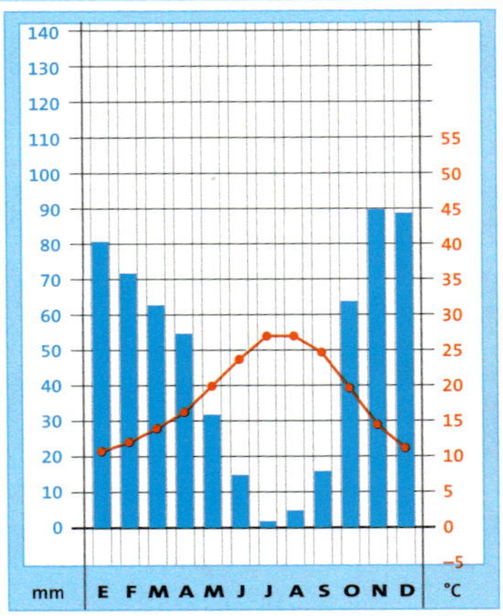

Amplitud térmica
16,3 °C

18,6 °C
Temperatura media anual

MEDIAS MENSUALES	ENE	FEB	MAR	ABR	MAY	JUN	JUL	AGO	SEP	OCT	NOV	DIC
Precipitación (mm)	81	72	63	55	32	15	2	5	16	64	90	89
Temperatura (°C)	10,9	12,2	14,1	16,4	20,1	23,9	27,2	27,2	24,9	19,8	14,6	11,3

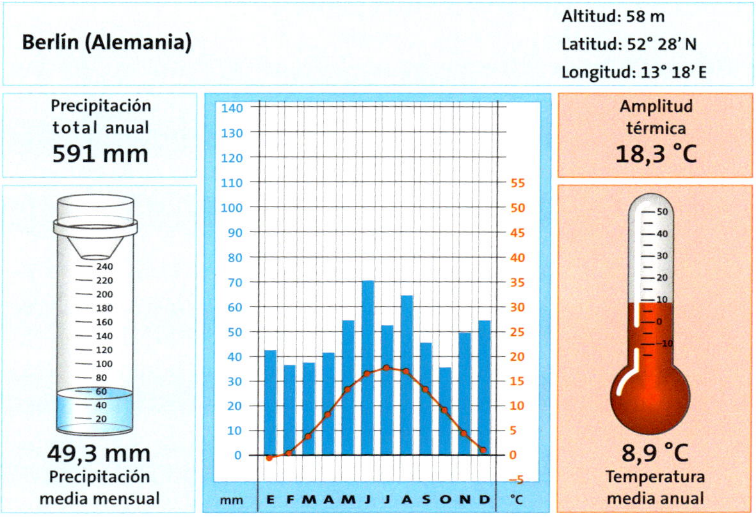

MEDIAS MENSUALES	ENE	FEB	MAR	ABR	MAY	JUN	JUL	AGO	SEP	OCT	NOV	DIC
Precipitación (mm)	43	37	38	42	55	71	53	65	46	36	50	55
Temperatura (°C)	−0,4	0,6	4,0	8,4	13,5	16,7	17,9	17,2	13,5	9,3	4,6	1,2

http://www.educaplus.org/climatic/07_cmg_europa.html

La Reconquista española

¿Qué fue la Reconquista?

En el año 711 los musulmanes ocupan casi toda España. Sólo la región montañosa del Norte quedó en manos de los españoles. Desde allí los reinos cristianos se lanzaron a reconquistar su territorio. A partir del triunfo de Covadonga, en el año 722, se iniciará un lento pero persistente avance hacia el sur. Surgieron los reinos de Asturias, Leon, Navarra, Portugal, Castilla y Aragón. Finalmente, en 1492, en tiempos de los reyes católicos, la toma de Granada, último bastión musulmán, pondrá fin a la Reconquista.

los reyes católicos Fernando de Aragón e Isabel de Castilla

¿Cómo era la sociedad en los reinos cristianos durante la Reconquista?

El reparto de la tierra que se iba reconquistando benefició a la nobleza guerrera, que fue acumulando grandes posesiones que dedicarían sobre todo a la ganadería. Había musulmanes que permanecían en los territorios cristianos. Se los llamaba mudéjares y se dedicaban a la agricultura y a la pequeña industria. También era numerosa en estas zonas la comunidad judía que se dedicaba al comercio, los préstamos y al artesanado. Los musulmanes y los judíos eran tan numerosos en algunas zonas como los cristianos. [...]

préstamo *Darlehen*

¿Cómo era la situación en el siglo XV?

Dos grandes reinos cristianos estaban ya formados y asentados: Castilla y Aragón. En 1469, el casamiento de Fernando de Aragón e Isabel de Castilla logra unificar la península, aunque cada uno mantendrá el reinado sobre sus regiones de origen. Los "reyes católicos" incorporaron Navarra y culminaron la Reconquista con la toma de Granada el 2 de enero de 1492, el mismo año del viaje de Colón.

Anotación: El papa Sixto IV (1478–1480) autorizó a las majestades a crear el Tribunal del Santo Oficio, la Inquisición.

¿Qué fue la Inquisición?

Era un tribunal impuesto por Isabel y Fernando destinado a perseguir a los no católicos y lograr, por la fuerza, la unidad religiosa. El Gran Inquisidor Torquemada persiguió a herejes, musulmanes y judíos que se negaban a convertirse a la religión católica, aplicándoles graves tormentos que iban desde la tortura a la muerte en la hoguera. Finalmente, en 1492, los reyes católicos decretaron la expulsión de España de los judíos y los moros (musulmanes). Esto trajo graves consecuencias para el reino, que se vio privado de dos culturas muy ricas que se dedicaban a actividades económicas fundamentales.

hoguera *Scheiterhaufen*

¿Qué aportaron los musulmanes a la cultura española?

Los musulmanes permanecieron ocho siglos en España. Gracias a sus traducciones se difundieron grandes clásicos de la antigüedad y realizaron grandes aportes en el campo de la agricultura, la industria, las matemáticas, la física, la química y la medicina. Fueron ellos quienes introdujeron la guitarra en la península. El arte y la arquitectura islámicas pueden apreciarse en grandes obras de la región de Al-Andalus (Andalucía), como la Alhambra de Granada.

http://www.elhistoriador.com.ar/aula/medieval/reconquista_espanola.php

La economía

ganadería *Viehzucht*

algodón (m) *Baumwolle*

La agricultura y la ganadería juegan un papel muy importante en Andalucía. En esta región se cultivan principalmente cereales, verduras, frutas, aceitunas, vino y algodón. Una parte de estos productos se dedica a la exportación. Las principales ramas de producción industrial son la minería, la industria petroquímica, la construcción naval y la elaboración de aceite de oliva, vino, azúcar y conservas de pescado. Más de la mitad de las ofertas de empleo provienen del sector de servicios: comercio, transporte y turismo.

http://www.andalucia-web.net/historia.htm

Una región a la cola de Europa

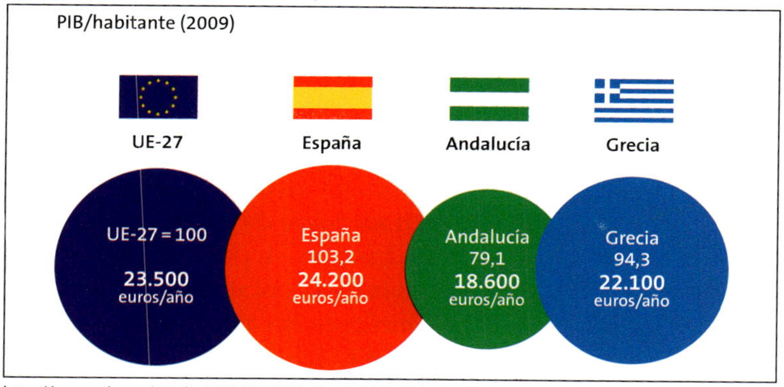

http://www.abc.es/Media/201203/27/cola--644x300.jpg

a la cola aquí: al final
PIB el producto interior bruto (una medida del bienestar material de una sociedad)

Población ocupada de Andalucía por sectores económicos, años 2003–2010 (datos en miles)

	2003	2004	2005	2006	2007	2008	2009	2010	Crecimiento medio anual
Agricultura y pesca	243,5	242,1	251,7	236,2	231,5	222,6	217,4	230,5	– 0,8 %
Industria	304,8	303,4	338,6	320,6	330,1	316,8	275,9	259,7	– 2,3 %
Construcción	373,5	415,8	441,5	481,1	499,4	424,4	284,9	246,7	– 5,8 %
Industria turística	**259,5**	**277,5**	**317,6**	**340,7**	**359,5**	**368,9**	**341,1**	**335,4**	**3,7 %**
Resto servicios	1.446,1	1.524,3	1.610,1	1.731,7	1.798,8	1.817,0	1.803,9	1.787,0	3,1 %
Total ocupados	2.527,3	2.763,2	2.959,6	3.110,4	3.219,3	3.149,7	2.923,2	2.859,3	1,2 %

http://www.turismoydeportedeandalucia.com/estadisticas/sites/default/files/balance_2010.pdf

La lengua

"Nozotroh no ablamoh malamente kahteyano, ablamoh bien el andalú"

Kon identidá propia. "Lah normah gráfikah ke ze prehentan en ehte dokumento zon, komo reza er zuhtítulo, una propuehta, abierta y flezible, pa empezá a trabahá". Azí comienza la propuehta de normah ortográfikah pal andalú, elaborá por el ehkritor Huan Porrah, de la Zoziedá pal Ehtudio'el Andalú. Una beintena de perzonah trabaha en Andaluzía por "konzerbá nuehtro legao kurturá", azegura Guadalupe Bahkeh, de la zoziedá. "Keremoh azé dezaparezé la idea de ke lo andaluzeh ablamoh malamente el kahteyano. Ablamoh andalú", komenta.
La Zoziedá ehtá kompuehta por ehkritoreh, antropólogoh, lingüihtah... Kada doh z'añoh ze reúne. La úrtima zita tubo lugá en Marxena (Zebiya), pa debatí propueztah ortográfikah elaboráh por argunoh de zuh integranteh.

Jorge García, 26/11/2008; http://www.20minutos.es/especial/corporativo/creative-commons/ (abreviado)

1.3 Aspectos de la cultura española

El flamenco

El flamenco surgió durante el siglo XV en el sudoeste de Andalucía. En él se mezcla la música tradicional de los gitanos con elementos árabes, judíos e incluso hindúes. Al principio, dominaba el cante en sus dos versiones más representativas: el "cante jondo" y el "cante chico", el último con un carácter más alegre. El flamenco se cantaba en acontecimientos privados, como en fiestas familiares, o también en los burdeles. A mediados del siglo XIX surgieron los "cafés cantantes", donde se une el cante con el "baile" y el "toque" de la guitarra. [...] El flamenco se sigue cantando en la actualidad en asociaciones de aficionados locales, llamada "peñas" y, además, su influencia en artistas de todo el mundo es patente. Aunque existen cerca de 20 formas diferentes de baile y de cante flamenco, en Cádiz, Sevilla y Granada se puede ver todavía el flamenco en su estado más puro: dos sillas, un "cantaor" y un guitarrista. Entre los bailes es muy popular la "Sevillana", alegre composición de cuatro coplas en las que las reglas de los pasos son estrictas.

copla *Strophe*

http://www.andalucia-web.net/cultura.htm

La corrida

Aunque se practica hoy en [casi] toda España, la corrida de toros tradicional es de origen andaluz. Por ello, en Andalucía se encuentran plazas de toros muy bonitas y famosas, como las de Sevilla, Córdoba, Jerez de la Frontera, Málaga y [...] Ronda. En total hay más de 150 plazas de toros en Andalucía. La temporada suele comenzar en el mes de marzo y finaliza en noviembre. [...] Enfrentarse desde un caballo a un toro de más de 500 kilos de peso fue hasta el siglo XIX un privilegio de los nobles. Hoy en día sus aficionados provienen de todos los niveles sociales. Pero no todos los andaluces están de acuerdo con esta tradición. Sobre este asunto la opinión publica se divide en dos grupos muy diferentes: los opositores radicales y los fieles seguidores de un espectáculo considerado por ellos como "arte". Si se tiene en cuenta que un toro, después de haber pasado cuatro años "de lujo" en las mejores dehesas, tiene un precio

seguidor (m) aficionado

dehesa *Weide*

bastante alto, se comprende por qué la ganadería taurina es un negocio rentable. En una corrida salen seis toros, dos por cada uno de los tres toreros. En cada faena, que tarda unos 20 minutos, se distinguen cuatro fases: "suerte de capa", "suerte de varas", "suerte de banderillas" y "suerte de matar". En esta última el matador se sitúa delante del toro y busca el momento clave para matarlo de una estocada precisa. Si lo consigue se oyen gritos de "olé" desde el tendido. Una buena actuación del matador se premia con las orejas y el rabo del toro vencido.

http://www.andalucia-web.net/cultura.htm

ganadería taurina *Kampfstierzucht*
faena *entscheidende Phase im Stierkampf*
vara *Stoßlanze, Pike*
suerte de banderillas *Stierkampf-Phase, in der dem Stier Spieße in den Nacken gestoßen werden*
estocada *Degenstich, -stoß*
tendido *überdachte Sperrsitze*

La cocina andaluza

Bar de tapas en Andalucía

También en la cocina andaluza encontramos influencias de las diversas culturas que han pasado por la península. Los romanos trajeron a España el vino y las aceitunas; los árabes dejaron como herencia [...] alimentos como los cítricos, la almendra, especias y dulces.
El pescado y el marisco, recogidos del Mediterráneo o del Atlántico, y los delicados productos de las sierras, como las carnes, el jamón, las chacinas y el queso, forman la base de la cocina andaluza. Pero no hay que olvidar las sencillas y sabrosas comidas basadas en legumbres, verduras, huevos, arroz o patatas.
El arte de la cocina andaluza radica en la forma de preparación y en las diferentes combinaciones entre ingredientes y especias; [...] los mejores platos de la cocina andaluza, y de la española en general, deben tener como base el aceite de oliva.
Conocido en todo el mundo es el "gazpacho andaluz", una sopa fría de verduras, compuesta por tomates, pimiento verde, pepino, ajo, aceite de oliva y pan. Se come preferentemente durante los calurosos meses del verano.
Junto a los excelentes restaurantes que se reparten a lo largo de toda la geografía andaluza, el viajero encontrará en los bares de tapas una deliciosa y económica alternativa. Son numerosos los bares donde se puede degustar una variada oferta de estos pequeños platos denominados "tapas". [...] Hoy en día ha aumentado tanto de tamaño como de variedad, hasta el punto que se puede satisfacer el estómago tomando dos o tres buenas tapas.

http://www.andalucia-web.net/cultura.htm

chacina tipo de embutido
legumbres (m) *Hülsenfrüchte*

Fiestas y tradiciones religiosas

La Semana Santa en Granada

El momento álgido de las tradiciones y fiestas religiosas de Andalucía se alcanza, sin duda, con la Semana Santa. Las procesiones empiezan el Domingo de Ramos y terminan una semana más tarde, el Domingo de Resurrección. Decenas de hermandades con miles de nazarenos recorren el centro de las ciudades y las calles de los pueblos. Lo más llamativo son los "pasos" o los "tronos" de las cofradías, representaciones del Señor y de la Virgen María, muchas de ellas de gran calidad artística. Entre 36 y 48 costaleros u hombres de trono, en su mayoría hombres jóvenes, pueden llevar sobre sus hombros un peso de hasta 3 toneladas durante horas por calles estrechas y grandes avenidas. Están acompañados por bandas de música y a veces desde los balcones se oye una Saeta, oración cantada por un devoto. Aunque se celebra en toda Andalucía, la Semana Santa cobra una especial intensidad estética y espiritual en Sevilla, Málaga y Granada. [...]
Aunque son reflejo de una larga tradición religiosa, las numerosas romerías andaluzas tienen un carácter principalmente festivo. La romería más grande del mundo cristiano tiene lugar durante la semana de Pentecostés en El Rocío (provincia de Huelva). Hasta un millón de peregrinos y creyentes [...] llegan a la aldea tras varios días de camino a pie, a caballo o en "carretas".

http://www.andalucia-web.net/cultura.htm

momento álgido el clímax
Domingo de Ramos *Palmsonntag*
Domingo de Resurrección *Ostersonntag*
nazareno,a *Büßer/in*
cofradía *Bruderschaft*
costalero / hombre de trono *Träger eines Heiligenbildes bei der Prozession der Karwoche*
hombro *Schulter*
devoto,a *Gläubige/r*
romería *Wallfahrt*
Pentecostés *Pfingsten*
peregrino,a *Pilger/in*
carreta *Planwagen*

La arquitectura

La Mezquita de Córdoba

En los 3000 años de la historia de Andalucía, diversos pueblos han dejado sus huellas en la región. [...] Durante la época de la hegemonía árabe se construyeron suntuosos monumentos, como la Mezquita (Córdoba), la Alhambra (Granada), la Giralda y el Alcázar (Sevilla). Además, los cascos urbanos de algunas ciudades, con sus calles laberínticas, recuerdan los tiempos de los musulmanes.

casco urbano centro de la ciudad

Los arquitectos árabes también crearon obras maestras en el campo de la defensa y de la agricultura, como los acueductos o [...] la red de canalizaciones.

Cuando se acaba la dominancia árabe en Andalucía se desarrolla el estilo mudéjar, una combinación de elementos góticos y más tarde renacentistas con la arquitectura almohade, herencia viva de los cientos de años anteriores.

estilo mudéjar *Architektur- und Dekorationsstilrichtung mit maurischen und eruopäischen Einflüssen*

En el siglo XV se construye la catedral de Sevilla, la más grande de estilo gótico en el mundo y la tercera entre todas del mundo cristiano.

http://www.andalucia-web.net/cultura.htm

2. El turismo en Andalucía

2.1 Acercamiento

Imágenes de Andalucía

2.1.1 Tipos de turismo

Turismo de ocio

- **Turismo de sol y playa:** Para España, el turismo de sol y playa tiene una importancia enorme, pero no todo son ventajas, el turismo de sol y playa es muy estacional y genera problemas de difícil solución como el tráfico, la contaminación, la pérdida de identidad cultural, saturación de núcleos receptores, este tipo de turismo además integra el turismo de masas, caracterizado por: presentar un menor gasto por día que el turista de calidad, generar menos empleo, contaminar más y ocupar más espacio.
El turismo de sol y playa es el que mueve mayor número de visitantes, pero cada vez hay una mayor tendencia al turismo activo lo cual hace perder importancia relativa al turismo de sol y playa.

saturación de núcleos receptores *Marktsättigung der Hochburgen*
gasto *Ausgabe*
espacio sitio

- **Turismo ecológico o medioambiental:** Es uno de los tipos de turismo que más ha aumentado en los últimos años, su intención es la observación del paisaje, la flora y la fauna, el medio ambiente.
España tiene la suerte de poseer parajes naturales de enorme importancia ecológica, podríamos destacar: Picos de Europa, Sierra Nevada, Doñana, archipiélago de Cabrera, etc.
Hay cuatro tipos de espacios naturales protegidos:
1.- los parques: son áreas naturales poco transformadas por el hombre.
2.- reservas naturales: son espacios protegidos a razón de su ecosistema, flora o fauna, por su rareza, fragilidad, importancia o singularidad.
3.- monumentos naturales: son formaciones singulares, bellas o raras que merecen una protección especial, destacan las formaciones geológicas, yacimientos paleontológicos, formaciones arbóreas, etc.
4.- paisajes protegidos: son zonas protegidas por sus valores estéticos.

turismo ecológico o medioambiental *nachhaltiger Tourismus*
paraje (m) lugar
rareza peculiaridad (f) (*Seltenheit*)
fragilidad (f) *Verletzlichkeit*
singularidad (f) originalidad
yacimiento paleontológico *Steinzeitansiedlung*
arbóreo,a adjetivo de árbol

- **Turismo rural:** Tiene connotaciones similares al turismo medioambiental. Podríamos definirlo como aquel tipo de turismo que se desarrolla en localidades pequeñas de interior o en el campo donde la actividad económica más importante es la agricultura, la explotación forestal o la ganadera.
La motivación que mueve a los turistas está muy ligada al medio ambiente, buscándose localidades con un modo de vida tradicional.
El desarrollo del turismo rural permite a zonas deprimidas obtener ingresos, además procura la conservación del medio ambiente e impide el despoblamiento de zonas rurales.

rural del campo
explotación forestal y ganadera *Forst- und Viehwirtschaft*
zona deprimida *strukturschwache Gegend*
despoblamiento el hecho de irse a vivir a otras zonas

El tipo de cliente de estos establecimientos suele ser familiar o incluso juvenil e infantil, con un reducido gasto por persona y día, la estancia suele ser corta, limitándose a fines de semana y puentes.

puente (m) *Brücke(ntage)*

- **Diversión y entretenimiento (parques temáticos):** Los parques temáticos son grandes fabricantes de ocio, se basan en atracciones instaladas en grandes extensiones de terreno y con frecuencia fuera de las ciudades.

dibujos animados p.ej. de Walt Disney *(Trickfilme)*

Los parques están orientados a temas concretos: dibujos animados, la historia, geografía mundial, la naturaleza, la tecnología, el mundo del cine. Una gran parte de la demanda de estos parques está compuesta por público adulto.

Los parques temáticos normalmente funcionan al aire libre, donde la climatología es favorable.

estacionalidad (f) *Saisonabhängigkeit*

Los parques no solo generan empleo directo, sino también indirecto, reducen la estacionalidad y son un inmejorable atractivo para los turistas.

Dentro del parque existen otros servicios: hoteles, restauración, los recuerdos, productos fotográficos, etc.

Podríamos destacar: Disneyland, Port aventura, Isla Mágica, Terra mítica, etc.

http://html.rincondelvago.com/oferta-turistica_2.html [04/11/2012, 20:28]

Turismo cultural

Se desarrolla principalmente en las ciudades donde se encuentran la mayoría de atractivos culturales, museos, festivales, espectáculos, teatros y monumentos.

desplazamiento *hier: Reise*

Podríamos definirlo como el desplazamiento de personas cuya motivación principal es conocer manifestaciones culturales, artísticas, arqueológicas, monumentales.

En ciertas ciudades que poseen un rico patrimonio histórico artístico […] la masiva llegada de visitantes puede generar problemas como:

congestión (f) *hier: Kollaps*
deterioro perjuicio, daño

- la congestión del centro urbano;
- el deterioro de monumentos o museos, etc.

ingreso *Einnahme*
generar recursos *Mittel generieren*

Pero en general el turismo cultural presenta grandes ventajas, representa una huída del turismo tradicional; además, proporciona grandes ingresos a las ciudades generando recursos para mantener el patrimonio histórico artístico o monumental.

perfil (m) *Profil*
cuidadosamente *sorgfältig*
fijarse en *achten auf*
nivel adquisitivo *Einkommensniveau*

El turista cultural presenta este perfil:

- Es un visitante que programa cuidadosamente sus viajes.
- Estima la relación calidad precio, aunque no se fija mucho en los precios.
- Suele ser un turista de un nivel adquisitivo medio / alto.

- Combina a menudo la cultura con otras motivaciones.
- Suele realizar cortas estancias.
- Valora mucho el respeto al medio ambiente y huye de la contaminación.

http://html.rincondelvago.com/oferta-turistica_2.html [04/11/2012, 20:28]

Turismo activo

Denominamos turismo activo a aquel en el que el viajero deja de ser mero espectador en el lugar que visita y desea participar del viaje. Destacan la práctica de deportes o la realización de turismo de aventura. Podemos citar los siguientes:

- el esquí y demás deportes de nieve.
- el golf: los campos de golf precisan costosas inversiones, no solo las relacionadas con el deporte sino también las dedicadas a restaurantes, hoteles, jardines, etc. El turista suele ser de nivel alto.
- caza y pesca: algunos países obtienen de este turismo elevados ingresos. Se trata de un turismo de alto nivel pero muy estacional ya que está condicionado por las épocas de veda.
- deportes de aventura: son auténticos deportes de riesgo: globos, descenso por cuerdas, puenting, paracaidismo, parapente, etc.
- deportes náuticos: son principalmente la navegación a vela y a motor, el esquí náutico y el buceo, la infraestructura para este tipo de deportes es el puerto deportivo.
- hípica.

http://html.rincondelvago.com/oferta-turistica_2.html [04/11/2012, 20:28]

mero,a puro

precisar necesitar
inversión (f) *Investition*
dedicado,a aquí: para

época de veda *Schonzeit*

2.1.2 Andalucía, un destino turístico de primer orden

Así es Andalucía

Ochocientos kilómetros de costa, más de trescientos días de sol al año, dos parques nacionales, el mayor número de espacios naturales protegidos de España, un patrimonio histórico y artístico único en el mundo, pueblos en fiestas los doce meses y una gastronomía que se presenta con productos de una inmensa calidad: No podemos olvidar los olivos, Ronda, Moguer, los pinsapares, Cádiz, las alcazabas, los palacios, Úbeda... Y el flamenco. Y la gente. Y el arte.

Este es un viaje por las ocho provincias andaluzas, un recorrido por las tierras de Almería, Cádiz, Córdoba, Granada, Málaga,

espacios naturales protegidos *Naturschutzgebiete*
patrimonio herencia (*Erbe*)

pinsapar (m) *Tannenhain*
alcazaba *Festung*

recorrido viaje

elevado,a alto
pilar (m) *Stützpfeiler*
asombrar sorprender
patrimonial adj. de patrimonio
inconmensurable inmenso
esconder ocultar (*verstecken*)

Huelva, Jaén y Sevilla. Cada una tan cercana pero tan diferente... Las más elevadas culturas y civilizaciones pusieron sus ojos en Andalucía desde el principio de la historia.
Íberos, fenicios, griegos y romanos crearon los pilares de muchas de las ciudades que hoy nos asombran por su valor patrimonial y natural.
Las ocho provincias andaluzas ocultan a lo largo y ancho de su rica geografía hermosas ciudades que merecen un lugar de privilegio por su belleza, por su inconmensurable patrimonio arquitectónico, o simplemente por sus tradiciones.
Descubre con nosotros todos los tesoros que Andalucía esconde entre sus principales destinos.
Bienvenidos a Andalucía. Bienvenidos al Sur.

http://www.andalucia.org/destinos/ [05/11/2012, 14:23]

Granada y Sierra Nevada

La Alhambra y al fondo la Sierra Nevada

reserva de biosfera *Biosphärenreservat*
inusitado,a extraordinario
laguna lago

La Sierra Nevada, declarada Reserva de la Biosfera y Parque Nacional, forma un paisaje de inusitada belleza: naturaleza en estado puro, pequeñas lagunas, bosque mediterráneo, rica fauna y flora.
La estación de esquí ofrece al visitante kilómetros de pistas para practicar el esquí, magníficas instalaciones, todos los placeres de la cocina granadina y vistas panorámicas maravillosas.
A los pies de la Sierra Nevada, la ciudad de Granada, capital de la provincia, es el resultado de las civilizaciones occidental y oriental, que tuvieron en ella un punto de encuentro en un lugar privilegiado. Capital del antiguo reino nazarí, la ciudad antigua

conserva el ambiente urbano con pintorescos rincones, dominada por la Alhambra, uno de los conjuntos monumentales más fascinantes del mundo.

http://www.andalucia.org/destinos/zonas-turisticas/granada-y-sierra-nevada/ [05/11/2012, 14:25]

Sevilla

Plaza de España

Patio de las Doncellas

Sevilla, capital de Andalucía, ciudad romana, árabe, renacentista, barroca, americana, mariana, flamenca, torera, moderna, festiva, luminosa, perfumada, marinera, tradicional, hospitalaria, graciosa, cosmopolita, religiosa... Todos estos adjetivos y muchos más se podrían añadir a esta ciudad, que además de personificar el tópico de lo "español" y lo "andaluz", guarda tal cantidad de atractivos artísticos, culturales, de ocio, sociales y turísticos que sería prolijo enumerar; pero que la han convertido en una de las ciudades más universales, conocidas y visitadas del mundo, cuna e inspiración de escritores, pintores y artistas en general.

Resultaría imposible encontrar en una urbe tantos, tan variados y tan singulares monumentos y lugares de gran belleza como la Giralda, la Catedral, los Reales Alcázares, la Torre del Oro, el Patio de los Naranjos, la Maestranza, la Casa de Pilatos, la Plaza de España, el Parque de María Luisa, el Teatro de la Maestranza, el Palacio de San Telmo, el Archivo de Indias, el Barrio de Santa Cruz, la Lonja, el Palacio Arzobispal, la Fábrica de Tabacos, el Ayuntamiento, el Palacio de las Dueñas, la Torre de Don Fadrique, las Murallas, la Basílica de la Macarena, el Museo de Bellas Artes, el Museo de Arte Contemporáneo, la Alameda de Hércules, el barrio de Triana, los puentes sobre el Guadalquivir, la Cartuja y las instalaciones de la Expo 92, los edificios de la Exposición de 1929, la Casa de Luca de Tena, los patios de sus casas tradicionales, los balcones y rejas, y un sinfín de iglesias, con-

renacentista adjetivo de Renacimiento (~ s. XV) (*Epoche der Renaissance*)

tópico *Topos, häufig verwendetes Motiv, Gemeinplatz*

prolijo *umständlich*

cuna *Wiege*

urbe (f) metrópoli (f), capital (f)

sinfín (m) montón (m) (*Unmenge*)

convento *Kloster, Konvent*

ventos y detalles que convierten su centro histórico en un museo al aire libre.
Si a todo ello le añadimos sus tabernas, su gastronomía, sus fiestas y la gracia y hospitalidad de sus gentes, nos resulta un conjunto lleno de colorido, dramatismo, luz, música, alegría, tradición y modernidad, difícil de igualar.

http://www.andalucia.org/destinos/provincias/sevilla/municipios/sevilla/ [05/11/2012, 14:28]

La Semana Santa[1] en Sevilla

devoción (f) *Hingabe*
bullicio ruido
estar atestado,a estar (muy) lleno
Cofradía *Bruderschaft, die die Prozession vorbereitet und durchführt*
tramo *Strecke(nabschnitt)*

Un año más, la Semana Santa va a llenar las calles de la mayoría de las ciudades y pueblos de España. El silencio y la devoción al paso de las procesiones se mezclarán con el bullicio de los bares llenos y las playas. Si hay unas fechas en las que los contrastes son mayores, desde luego son la Semana Santa.
Sevilla es un ejemplo del contraste que traen estas fechas. Su Semana Santa es una de las más famosas de España, las calles están atestadas de personas que quieren ver pasar las Cofradías, y miles de turistas se desplazan hasta allí para vivirla de cerca. Las reservas de sillas en alguno de los tramos son imposibles. Las

[1] La Semana Santa es la época de las procesiones que recuerdan la pasión de Jesucristo, su muerte y la resurrección. Empieza el Domingo de Ramos y termina el Domingo de Pascuas. Durante las procesiones los "costaleros", normalmente hombres, cargan los "pasos" muy pesados de Semana Santa, en los que se colocan las figuras de Jesucristo, de la Virgen María o escenas de la Pasión, y recorren las calles.

familias pasan de generación en generación el abono, y hay que acudir a la reventa. Las sillas en la reventa pueden alcanzar cantidades astronómicas.
Altísimas son también las cantidades que se pagan por alquilar un balcón en el recorrido principal de las procesiones. Pueden llegar a pagar hasta [...] 9000 euros por asistir desde la altura y sin agobios de gente al paso de las procesiones.
Pero después de esta Semana de religión, recogimiento, luces de velas y saetas, Sevilla se transforma en luces de colores, música de sevillanas, caballos, bailes y fiesta: es la Feria de Abril[1]. Un enorme recinto se ilumina y se llena de casetas donde la gente baila, come, bebe y hace amistades. Si quieres divertirte, con buen comer y buen beber, en Sevilla está tu lugar.
¡En abril, Sevilla es tu elección!

http://www.entre-todos.com/temames/sevilla1.htm [27/01/2009, 20:05]

abono *Dauerkarte*
reventa *Wiederverkauf*
recorrido principal *Hauptstrecke*
recogimiento *Andacht*
luz (f) **de vela** *Kerzenschein*
saeta canto religioso
recinto ámbito, lugar

2.1.3 El turismo en Andalucía en cifras

[1] Feria de Abril: semana de fiestas, desfiles, representaciones de flamenco, casetas en que se puede comprar o tomar algo, tiovivos, etc.

Tabla 1: Total turistas en Andalucía 2011 (abreviado)

	Total turistas
Indicadores básicos en Andalucía	
Número de turistas en 2011 (millones)	21,8
Gasto medio diario en destino: euros	60,35
Estancia media: Número de días	9,0
Estacionalidad: Concentración en el 3° trimestre (verano)	36,3%
Hábitos de consumo en Andalucía	
Principal tipo de alojamiento: hotelero	69,8%
Principal medio de transporte: coche	56,6%
Uso de intermediarios: porcentaje	16,0
Principales factores de elegir Andalucía:	
– Clima: porcentaje	32,1
– Visita a monumentos: porcentaje	26,0
Canal principal de información sobre Andalucía: experiencia propia	47,6%
Principales actividades desarrolladas en Andalucía:	
– Disfrute y uso de playa: porcentaje	49,8
– Visita a monumentos y museos: porcentaje	39,4
Opinión sobre Andalucía	
Valoración del destino: escala de 1 a 10	7,6
Aspectos mejor valorados: escala de 1 a 10	
– Atención y trato recibido, paisajes y parques naturales	8,2
– Alojamiento	8,0
Grado de fidelidad: porcentaje	48,7

Tabla 2: Actividades realizadas por los turistas extranjeros en Andalucía (multirrespuesta)

Actividades (%)	Extranjeros
Disfrute y uso de la playa	49,9
Actividades relacionadas con la cultura	49,7
Observación de la naturaleza	31,3
Actividades relacionadas con los deportes	9,0
Resto de actividades	11,1

Tabla 3: Total turistas alemanes en Andalucía
(abreviado)

	Alemanes
Indicadores básicos en Andalucía	
Número de turistas en 2011 (millones)	0,915
Porcentaje de participación en la demanda turística	4,2%
Gasto medio diario en destino: euros	62,77
Estancia media: Número de días	13,0
Estacionalidad: Concentración en el 2° trimestre	33,1%
Hábitos de consumo en Andalucía	
Principal tipo de alojamiento: hotel	70,9%
Principal medio de transporte: avión	66,3%
Uso de intermediarios: porcentaje	30,2
Uso de Internet: porcentaje	63,4
Principales factores de elegir Andalucía:	
– Clima: porcentaje	35,9
– Visita a monumentos: porcentaje	27,0
Canal principal de información sobre Andalucía: recomendación de amigos o familiares	39,9%
Principales actividades desarrolladas en Andalucía:	
– Disfrute y uso de playa: porcentaje	54,5
– Visita a monumentos y museos: porcentaje	47,0
Opinión sobre Andalucía	
Valoración del destino: escala de 1 a 10	7,7
Aspectos mejor valorados: escala de 1 a 10	
– Atención y trato recibido	8,1
– Paisajes y parques naturales	8,1
– Alojamiento	8,0
Grado de fidelidad: porcentaje	32,3

Fuente (todas las estadísticas): Consejería de Turismo y Comercio a partir de datos ECTA, IECA

2.2 Las caras del turismo masivo

2.2.1 El turismo de masas

Complejo turístico en construcción

Turistas en la playa de Benidorm

Complejo turístico abandonado en Matalascañas (Huelva)

„Tourismus und Landschaftszerstörung"

Rolf Spittler/Marion Leyer; http://www.aube-umweltakademie.de/Dokumente/BUNDmerkblatt_tourismus.pdf [01/03/2013, 11:30]

„Zersiedlung der Landschaft, radikale Zerstörung naturnaher Lebensräume, drastischer Flächenverbrauch, mit den Niedrigpreisen einhergehende Minderqualität der touristischen Einrichtungen sowie […] völlige ökonomische Abhängigkeit von wenigen Touristikkonzernen sind Schlagworte für einen Prozess, der in der spanischen Literatur mit dem Begriff „balearización" belegt wird."

Thomas Schmitt (2000): Qualitätstourismus. Eine umweltverträgliche Alternative der touristischen Entwicklung auf Mallorca. In: Geographische Zeitschrift, 88, Franz Steiner Verlag, Stuttgart, S. 53f.

"Desde el litoral de Andalucía podemos ver el resultado de años de mala gestión ambiental de unas playas destinadas a fines turísticos."

http://www.juntadeandalucia.es/medioambiente/web/Bloques_Tematicos/Estado_Y_Calidad_De_Los_Recursos_Naturales/Litoral/ENP_litoral_andaluz/espacios_naturales_protegidos_5.pdf [28/02/2013, 13:34]

"Un turismo de masas devastador […] La escasez y problemas de agua en el litoral y en toda España hoy es una consecuencia de […] la expansión sin planificación urbanística racional."

http://www.euroresidentes.com/Blogs/espana/2005/08/el-turismo-en-espana.html [14/10/2012, 20:06]

"Hormigueros humanos, colmenas de hormigón. [...] Encontrar en nuestras costas un lugar bonito es cada vez más difícil. Desde Málaga hasta Manilva se puede ir sin dejar de ver un ladrillo a ambos lados de la carretera en cada kilómetro. Un continuo de cemento y asfalto. Casas colgadas en la montaña, arena donde no se puede pinchar una sombrilla, mar comida de basura."

publicado por José Alfonso Rueda; http://ciudadanocamachuelotrompetero.blogspot.de/2010_08_01_archive.html [18/10/2012, 10:45]

"El turismo de masas se ha mostrado especialmente violento con el medio ambiente: urbanización de zonas naturales o no integrada en el paisaje, sobreutilización del recurso del agua, problemas relacionados con el tratamiento de las basuras, contaminación del agua por los residuos líquidos, destrucción de monumentos históricos, contaminación del aire por el uso de vehículos y calefacción, cambios en el paisaje para favorecer actividades de ocio como el golf o el esquí, etc."

http://html.rincondelvago.com/turismo-y-medio-ambiente_2.html [28/02/2013, 12:34]

Las preferencias de los viajeros

Mucho se habla de los efectos negativos que tiene el turismo masivo sobre el medio ambiente, las poblaciones locales y su cultura. Pero muy poco se dice de por qué este tipo de turismo sigue gozando de la preferencia de los turistas para sus viajes vacacionales. La verdad es que turismo organizado manejado profesionalmente tiene una serie de ventajas, por lo que sigue y seguirá teniendo una gran aceptación por parte de los turistas en todo el mundo.

El turismo masivo "democratizó" al turismo, facilitó las decisiones de viaje al reducir el riesgo percibido en la compra de los servicios turísticos, permitió que las personas conocieran el costo total de sus vacaciones antes del viaje eliminando con ello la incertidumbre que caracteriza a los viajes independientes, eliminó las barreras de los idiomas, y facilitó el contacto social y la creación de lazos duraderos de amistad entre los participantes en los viajes vacacionales lo cual difícilmente se puede lograr en los viajes independientes.

No hay dudas de que el turismo masivo descontrolado ha tenido efectos negativos sobre el medio ambiente en muchos destinos turísticos, pero dichos efectos no pueden ser atribuidos al turismo ni a los turistas, sino al modelo de desarrollo turístico de "rentabilidad económica" que adoptaron las autoridades de los propios países para obtener del turismo sólo beneficios económicos, sin considerar los efectos sociales y culturales asociados a ese modelo de desarrollo, ni los posibles impactos ambientales

gozar de disfrutar
preferencia *Vorliebe*
manejar *handhaben*
aceptación *Akzeptanz*
eliminar excluir, separar
incertidumbre (f) *Ungewissheit*
barrera de idiomas *Sprachbarriere*
rentabilidad *Einträglichkeit*
impacto ambiental *Umweltbelastung*

resultantes de la destrucción de los ecosistemas como consecuencia del uso descontrolado de los recursos naturales.

por Miguel Ángel Acerenza; http://www.portaldeamerica.com/index.php/columnistas/miguel-angel-acerenza/item/1952-conceptos-tipos-y-modalidades-de-turismo-iii-turismo-de-masa [04/11/2012, 20:18; fragmento]

2.2.2 La oferta turística desde distintas perspectivas

batir *hier: brechen*

La costa española bate su récord histórico de 'banderas azules'

España ha conseguido 638 'banderas azules' (540 en playas y 98 de puertos deportivos) en 2012, **manteniéndose a la cabeza entre los 51 territorios de los 46 estados participantes** del hemisferio norte, y registrando su mejor resultado histórico, tras sumar 35 banderas a las 603 alcanzadas el año pasado.
Este resultado coincide con el 25 aniversario de la creación de este **premio medioambiental, turístico y de calidad.**

distintivo *Auszeichnung*
cumplimiento *Erfüllen*
accesibilidad (f) *Erreichbarkeit*

La 'bandera azul' es un distintivo internacional que premia el cumplimiento de unos estándares establecidos tales como la accesibilidad, la calidad de las aguas, la información ambiental dirigida a los usuarios o el respeto a la legislación.
España ha recibido 35 banderas más que en 2011 – 29 de playas y seis de puertos [...].
Por kilómetros de playas con bandera azul vuelve a ganar Andalucía, con 116,3 kilómetros, seguida de Galicia (95 kilómetros) y Comunidad Valenciana (87,62 kilómetros).

liderazgo *Führung, Führungsrolle*

Con sus 540 playas premiadas, **España mantiene su liderazgo global, seguida muy de lejos por Grecia (394), Francia** (358), Turquía (335), Portugal (275), Dinamarca (253) e Italia (247).
En cuanto a puertos deportivos premiados se refiere, España se sitúa, no obstante, en segunda posición, ya que Alemania, con 110 puertos premiados, se impone sobre las instalaciones portuarias españolas (98). Seguidamente, se encuentran Holanda (88), Francia (84) e Italia (62).

imponerse *s. durchsetzen, behaupten*

Europa Press, Madrid, 06/06/2012; http://www.elmundo.es/elmundo/2012/06/06/natura/1338980375.html [07/11/2012, 12:16]

Comentarios

- Nineunai, 06/06/2012, 15:32:
  "Seguro que ganamos también en banderas NEGRAS."
- Ojan, 06/06/2012, 17:49:
  "¿Sabeis lo que cuesta mantener los estándares exigidos por Europa (FEEE), Bandera Azul? Cada Bandera Azul les cuesta a

La **bandera negra** la 'otorga' **Ecologistas en Acción** a aquellos lugares en que se descuida de manera evidente el medio ambiente.

los Ayuntamientos muchos miles de € al año (en algunos casos Cientos de Miles de €). Es mucho más barato una normativa medioambiental nacional (que ya existe), y sobre todo una EDUCACION adecuada del usuario de playas, puertos y mares, además de la exigencia y vigilancia de su cumplimiento. La Bandera Azul no deja de ser un "sacadineros"; ¡doble gasto de nuestros impuestos, claro!"

Europa Press, Madrid, 06/06/2012; http://www.elmundo.es/elmundo/2012/06/06/natura/1338980375.html#comentarios [07/11/2012, 12:16]

normativa medioambiental *Umweltgesetzgebung*
vigilancia *Überwachung*
no deja de ser un "sacadineros" *es ist und bleibt ein Instrument, um den Leuten das Geld aus der Tasche zu ziehen*

Quince playas andaluzas, bajo bandera negra este verano

El informe *Banderas Negras* que elabora anualmente Ecologistas en Acción, este año ha otorgado 79 banderas negras a las playas más degradadas de la costa española, de las que quince están en Andalucía. Concretamente, por obras, se han ganado la bandera negra playas del Delta del Río Andarax y del Puerto de Carboneras (Almería); El Puerto de Santa María (Cádiz); La Mámola (Granada); El Rompido (Huelva) y Costa Occidental (Málaga). Asimismo, han logrado que la ONG les *premie* con una bandera negra por vertidos, las playas de Las Marinicas, El Zapillo y la planta de Cogeneración de Abengoa (Almería); por búnkering, la Bahía de Algeciras y la playa de la Atunara (Cádiz); Rambla de los Capuchinos y playa de Granada en Motril, Almuñécar (Granada) y Matalascañas (Huelva). Además, critican la excesiva urbanización en el litoral español.

Redacción, 27/07/2012; http://www.diariocordoba.com/noticias/sociedad/quince-playas-andaluzas-bajo-bandera-negra-este-verano_733183.html [07/11/2012, 13:33]

La **bandera negra** es lo contrario de la bandera azul.

otorgar entregar
degradar descuidar

ONG *Nichtregierungs-Organisation*
vertido basura
búnkering transvase de fuel entre barcos en altamar

Banderas negras en 2012

Andalucía	Banderas negras	Puntos negros
Almería	29	17
Cádiz	16	13
Granada	3	15
Huelva	6	9
Málaga	8	27
Total	62	81

por Sonia García Ausín; http://www.periodistas-es.org/planeta-azul/ecologistas-en-accion-otorga-62-banderas-negras-y-81-puntos-negros-a-las-costas-andaluzas [07/11/2012, 13:28]

La oferta de golf en Andalucía

cualquiera *jedwede/r, jegliche/r*
diseñar *entwerfen*

Disfrutar del sol y el golf en Andalucía los doce meses del año es una realidad. Con casi 120 campos de golf podrás disfrutar de tu deporte favorito en cualquiera de las ochos provincias de nuestra comunidad, y en campos de prestigio mundial, diseñados por jugadores de leyenda o los más prestigiosos diseñadores del mundo.

cercano a cerca de

Andalucía es el destino turístico de golf líder en Europa por la calidad de sus campos ubicados en zonas privilegiadas, con paisajes de gran belleza o cercanos a playas paradisíacas.

una decena *zehn*

Podrá disfrutar por igual tanto si es principiante, amateur o profesional; en la Costa del Sol con más de la mitad de los campos de golf de Andalucía, en la provincia de Cádiz con sus cuidados greenes y las playas de ensueño de su litoral, en la Costa Tropical en la que puede combinar playa, golf y nieve, en la provincia de Almería con una decena de campos entre ellos dos tipo desierto de Arizona, en la provincia de Huelva con inigualables parajes como el Parque Nacional de Doñana, con 11 campos de golf.

En las provincias del interior Sevilla con 5 campos de golf, Córdoba con dos y Jaén con uno completan la oferta de golf en Andalucía.

http://www.andalucia.org/golf/ [06/11/2012, 15:01]

El golf, un negocio insostenible

Andalucía sufre una de las sequías más graves del siglo.

sequía *Dürre*

Un campo de golf de 18 hoyos y 60 hectáreas consume 1.500.000 litros de agua al día. En el Estado español hay 417 campos de golf, según datos de la Federación Española de Golf. Hasta ahora los "pelotazos urbanísticos" y la construcción de estos centros estaban asociados: en los últimos 10 años se han construido 112 campos, el 90% promovidos por inmobiliarias. A causa de la crisis las viviendas no se venden y la construcción de campos de golf se ha parado, unos 150 nuevos proyectos programados en los últimos dos años, no se han ejecutado.

El negocio del golf es insostenible. Se esquilma un recurso escaso como es el agua en beneficio del negocio privado de unos pocos. Según Ecologistas en Acción, en un año el consumo medio de agua de un campo de golf de 18 hoyos y 60 hectáreas (has.) es de 10.000 metros cúbicos de agua por hectárea, es decir 18 hectómetros cúbicos (cifra que se multiplica por dos en Andalucía). Este volumen equivale al consumo anual de una ciudad de entre 150.000 y 200.000 habitantes.

[...] Entre 2000 y 2010, años de creciente sequía, se construyeron más de 100 campos de golf, mientras la Administración llevaba

hoyo *Loch (Golf)*

Pelotazo se dice cuando una empresa (un organismo) consigue "meter un gol", o sea, un contrato para realizar unas obras con las que puede ganar mucho dinero. La expresión supone que ha habido enchufe (corrupción) y tráfico de influencias.
ejecutar realizar
esquilmar derrochar (*verprassen*)

Del **grifo** sale el agua cuando te lavas las manos.

a cabo campañas que pedían cerrar el grifo. De los 417 campos de golf del Estado español, 102 se han construido en Andalucía y es la provincia de Málaga donde más campos hay, más de 50, la mayoría asociados a urbanizaciones de Marbella y Mijas. [...]

Un comentario

mentira no ser la verdad

Antonio: "¡No estoy nada de acuerdo con el artículo, son casi todo mentiras!! Se nota que no juegas al golf. En lo único que tienes razón es que la cantidad de campos en España es exagerada para el numero de federados. Y para tu información, España es una de las capitales del turismo mundial y el golf aporta tanto como el turismo rural o de interior."

Por Alfredo Inclán, Barrios, Palencia, 25/07/2012; http://gentedigital.es/comunidad/todopalencia/2012/07/25/el-golf-un-negocio-insostenible/ [06/11/2012, 13:46]

sostenible *nachhaltig*

2.3 El modelo de un turismo sostenible

¿Cómo se define?

Organización (f) **Mundial del Turismo** *Welttourismus-Organisation*
anfitrión,ona *Gastgeber-*
gestión (f) **de los recursos** *Ressourcenmanagement*

integridad (f) pureza

rural en el campo

beneficio (m) *Gewinn, Ertrag*
englobarse subsumirse (*zusammenfassen*)

Hay muchos términos similares que pueden generar cierta confusión: Ecoturismo, Agroturismo, Turismo responsable...
Según la Organización Mundial del Turismo (OMT): El desarrollo del turismo sostenible responde a las necesidades de los turistas y de las regiones anfitrionas presentes, a la vez que protege y mejora las oportunidades del futuro. Está enfocado hacia la gestión de todos los recursos de manera que satisfagan todas las necesidades económicas, sociales y estéticas, y a la vez que respeten la integridad cultural, los procesos ecológicos esenciales, la diversidad biológica y los sistemas de soporte de la vida. De esta forma, cualquier actividad turística (rural, deportiva, cultural, etc.) que implique la conservación de los recursos y la biodiversidad, la preocupación por el impacto ambiental y la distribución de los beneficios entre la comunidad local, podrá englobarse dentro de la categoría de Turismo Sostenible.

http://www.andalucia.org/conoce-andalucia/turismo-sostenible/ [06/11/2012, 14:57]

Ecoturismo en España

Caminante en el Cabo de Gata

Anímate a conocer los espacios naturales de España de una manera singular y respetuosa con el territorio. En concreto, te proponemos descubrir aquellos acreditados con la Carta Europea de Turismo Sostenible (CETS) amparada por la Comisión Europea. Se trata de áreas naturales en las que encontrarás varias empresas que desarrollan actividades turísticas comprometidas con la protección del medio ambiente.
Disfrutarás de algunos de los espacios naturales más valiosos de Europa por su bello patrimonio natural (entre los que se encuentran Parques Nacionales y Reservas de la Biosfera) y aprovecharás al máximo tu visita a la vez que conservas los valores ecológicos y paisajísticos de cada destino. Comprueba desde aquí los servicios que te ofrece cada espacio (centros de visitantes, senderos, visitas guiadas, alojamientos, etc.) y prepárate para disfrutar como nunca de la naturaleza.

http://www.spain.info/es/disfruta/en_la_naturaleza/ecoturismo/ [11/09/2012, 12:19]; fuente: Servidor web del instituto de Turismo de España, TURESPAÑA, y de la Sociedad Estatal para la Gestión de la Innovación y las Tecnologías Turísticas, SEGITTUR, "www.spain.info"

acreditado,a certificado
amparado,a protegido
comprometido,a *verpflichtet sein*
valioso,a de mucho valor
paisajístico,a adj. de paisaje
sendero (m) camino

Cómo elegir un hotel responsable

En muchas ocasiones la información relacionada con la sostenibilidad no está disponible. Pero si sabemos qué buscar es más fácil. Tener los ojos abiertos e indagar un poco puede aportarnos datos valiosos y evitar ser apabullados con una retórica muy sostenible pero vacía de significado. [...]

indagar investigar
ser apabullado,a quedar sin palabras

- ¿Se compromete públicamente a llevar a cabo buenas prácticas?

La publicación de un documento con la política medioambiental o con la responsabilidad social corporativa indica (RSC) que se ha realizado un trabajo para medir y mejorar la sostenibilidad de la empresa. Asimismo, las certificaciones ambientales indican que existe una política de gestión orientada a minimizar el impacto ambiental.

Si se trata de un pequeño alojamiento, cabe que no encontremos los elementos mencionados por falta de recursos, lo que no quiere decir necesariamente que no se estén llevando a cabo buenas prácticas. En este sentido, sí podemos encontrar información de forma mucho más directa consultando compromisos explicitados en su página web, folletos o incluso hablando directamente con la gerencia o los trabajadores del establecimiento.

[...]

- ¿Trabajan con proveedores locales?

Podemos fijarnos en si el hotel hace un esfuerzo activo para lograr que los productos de sus proveedores sean cercanos. Esto es importante, porque comprar a empresas locales significa minimizar el transporte y contribuir a que el gasto turístico repercuta en la comunidad local.

- ¿Ofrecen productos de Comercio Justo?

Los productos de comercio justo son una alternativa al comercio convencional que, además de los criterios económicos, tiene en cuenta valores éticos que abarcan aspectos sociales y ambientales. El comercio justo es apoyado por las Naciones Unidas por promover una relación comercial voluntaria y justa entre los consumidores y los productores.

- ¿Agricultura ecológica?

Podemos fijarnos en si ofrecen en su carta alimentos y bebidas procedentes de la producción ecológica, método mediante el cual la producción agrícola y ganadera tienen como objetivo fundamental la obtención de alimentos de máxima calidad, manteniendo la fertilidad de la tierra sin aplicar agroquímicos, ni utilizar organismos modificados genéticamente. De esta forma se conservan los recursos naturales y se respetan los ciclos biológicos. Si además los productos son locales o de comercio justo, podemos asignarles un valor adicional.

- ¿Se llevan a cabo buenas prácticas ambientales?

El hotel tiene la opción de separar y gestionar sus residuos, reciclándolos o incluso reutilizándolos para lograr un menor impacto y contaminación sobre el suelo y las aguas subterráneas, así como reducir el consumo de materias primas. Otra cuestión es interesarnos en si el hotel utiliza instalaciones de energías reno-

llevar a cabo realizar
medir (-i-) *messen*
certificación *Zertifizierung*
impacto ambiental *Umweltbelastung*
compromiso explicitado *Selbstverpflichtung*
gerencia directorio
proveedor (m) vendedor
repercutir en tener efecto en
Comercio Justo (m) *Fairer Handel*
abarcar incluir (-y-)
ganadero,a *Vieh-*
aplicar agroquímicas *Chemieeinsatz*
residuos (m) restos, basura
reutilizar volver a utilizar

vables. Sus efectos sobre el entorno son significativamente menores que los de las energías convencionales (combustibles fósiles, energía nuclear...). Con su uso, se evita la emisión de gases de efecto invernadero y la generación de residuos peligrosos que supongan una amenaza para el medio ambiente durante generaciones y contribuyen al equilibrio territorial por tratarse de energías autóctonas.

- ¿Apoyan algún proyecto social o medioambiental?

Los establecimientos hoteleros pueden apoyar o estar implicados en proyectos medioambientales o que contribuye al bienestar social y local. Podemos plantearnos si el proyecto apoyado realiza una labor social o ambiental de valor.

http://www.andalucia.org/conoce-andalucia/turismo-sostenible/como-elegir-un-hotel-responsable/ [06/11/2012, 20:26]

combustible (m) *Brennstoff*

efecto invernadero (m) *Treibhauseffekt*

implicado,a involucrado

¿Cambiar el rumbo del turismo?

Turismo de masas vs. turismo responsable

En épocas de crisis como la actual, el turismo se presenta como la solución a todos los males. Se trata de un instrumento generador de empleo y riqueza, dicen unos, o de eliminación de las desigualdades sociales y económicas, dicen otros, – en muchos casos, nada más lejos de la realidad, ya que la industria turística se convierte en un agente destructivo, colonizador y que sólo produce beneficios para unos pocos. La razón es que los destinos cambian su naturaleza y dan un giro de 180º con tal de satisfacer las necesidades del turista, por encima de las de la población local. [...]

¿A dónde puede parar este crecimiento desmedido? Volvemos a la disyuntiva calidad vs. cantidad, ya que de alguna manera se tiene que mantener en niveles aceptables la ocupación de la gigante planta hotelera con la que contamos en la actualidad. Y más teniendo en cuenta la estacionalidad de la oferta en nuestro país que, exceptuando Canarias y su benigno clima, sólo dispone de la mitad del año estival y primaveral para atraer al grueso de visitantes. La consecuencia, en muchos casos, es una guerra de precios que dificulta cualquier atisbo de giro hacia un turismo de mayor calidad y en donde prima llenar los hoteles por encima de cualquier otro aspecto. Así, no es nada complicado encontrar por Internet ofertas para estancias, con pensión completa en plena costa, por 20 € por persona y día. Si con ese precio hay que dar de desayunar, comer y cenar, además de la habitación, ciertamente queda poco margen de beneficio y, menos aún, cantidad alguna para reinvertir en la renovación del hotel o en la mejora de la calidad de vida en el destino. [...]

mal (m) *Übel*

dar un giro *eine Wendung nehmen*

por encima de *über etwas (stellen)*

disyuntiva alternativa

estacionalidad *Saisonabhängigkeit*

exceptuando excepto

grueso la mayor parte

atisbo de giro *die allerkleinste Wendung* (atisbo = *Fünkchen*)

reinvertir *reinvestieren*

rumbo ruta, viaje, curso
eje (m) línea
desechar rechazar
cuadriculado *(klein-)kariert*
engordar la cifra *die Anzahl aufblähen*
hábito costumbre
irremediable *unabwendbar*

En realidad, está en nuestras manos cambiar el rumbo de las cosas. El viaje responsable, como forma de crecimiento personal y de integración, como una inmejorable oportunidad de conocer culturas diferentes a la nuestra, debe ser el eje en torno al que se desarrolle un turismo mejor y más sostenible con los destinos y ecosistemas donde se desarrolle. Si desechamos los paquetes cuadriculados y las ofertas baratas que sólo buscan convertirnos en un número más que engorde la cifra, cambiando así los hábitos del consumidor, la oferta no tendrá más remedio que adaptarse si no quiere perder irremediablemente cuota de mercado. Sólo entonces podremos hablar del turismo como un verdadero elemento generador de riqueza, no sólo económica, sino también personal, social, cultural y medioambiental.

por Javier Tejera, 11/05/2010; http://www.revistanamaste.com/turismo-de-masas-vs-turismo-responsable/ [14/10/2012, 19:58]

Dos comentarios

2 pensamientos en "Turismo de masas vs. turismo responsable"

desafortunado,a infeliz
mochilero *Rucksacktourist*
absorber acoger
conectar relacionar
desconectar separar, alejar
pretender procurar, aspirar
encuentro intercultural *Zusammentreffen der Kulturen*
empresarial *unternehmerisch*
reinventarse *sich neu erfinden*
lavado de imagen *Neuanstrich*
competir (-i-) *konkurrieren*

1. <u>Carlos</u> en 13/05/2010 en 6:35 pm dijo:

Hola Javier,

Me acabo de leer el artículo. El título, tengo que decir, que me parece muy desafortunado.

No se puede contraponer las masas a la responsabilidad, ya que parece que sólo las minorías pueden ser responsables, cuando lo que se necesita es que todos seamos más responsables y sostenibles, tanto el mochilero como el turista que va a Benidorm, un destino mucho más sostenible que irse a Costa Rica en avión…

A veces, que un pequeño espacio absorba una gran cantidad de turistas puede ser muy positivo. Volviendo a Benidorm… ¿Cuántas casas rurales habría que construir para meter a tantos turistas?

Todo lo anterior, es de un punto de vista estrictamente medioambiental, porque está claro que el turista de pulserita no va a conectar con el destino sino a desconectar de su vida cotidiana. Ahora, ¿es realista pretender que todas las vacaciones sean un acto de encuentro intercultural? […]

Desde un punto de vista estrictamente empresarial, está claro que España necesita reinventarse, y no solamente hacer un lavado de imagen, sino cambiar su estructura turística para poder generar experiencias más satisfactorias para los turistas, no sólo compitiendo en precio, porque ahí no hay mucho que ganar…

2. Ángeles Jiménez Arteaga en 17/05/2010 en 10:44 pm dijo:

¡Hola Carlos!

Respeto tu opinión con respecto al comentario hecho por ti en relación al artículo "Turismo de masas vs. turismo responsable", aunque difiero en relación a lo que comentas cuando dices que las masas no pueden ser tildadas de irresponsables... bueno más o menos es lo que das a entender... también que habría que tener en cuenta la cantidad de casas rurales que tendrían que haber p.ej. en Benidorm para poder ser visitada y por ende valorada desde unas vertientes de conocimiento de la idiosincrasia de un pueblo, para un turista... y también que el turista lo que a veces realmente desea es desconectar... sin más del estrés de la vida cotidiana, por lo que las vacaciones tendrían que ser entendidas desde esa vertiente también, y no solo la de visitar un determinado lugar... para apreciar no solo sus costumbres sino también del disfrute de sus paisajes y sus gentes.

Pues bien, desde mi óptica, creo que sí que las masas son responsables de dejarse manipular... o lo que es lo mismo no sólo es que no sean responsables, es que son maleables, controlables... en definitiva siguen normas impuestas sin más... porque pensar, sentir por sí mism@ y actuar en consecuencia, a pesar de ser tedioso acarrea demasiadas incomodidades... y lo mejor en estos casos es el conformismo y resignación que hace que terminemos diciendo: y yo ¿qué puedo hacer? ¿Es que las cosas son como son y esto no hay quien lo arregle? [...]

http://www.revistanamaste.com/turismo-de-masas-vs-turismo-responsable/comment-page-1/#comment-1725 [06/11/2012, 20:07; ligeramente adaptado]

diferir (-ie-) no tener la misma opinión
tildar de denominar, criticar

vertiente (f) lado
idiosincrasia *Eigenart*

maleable obediente, flexible

tedioso,a aburrido
acarrear causar

3. Hacia una agricultura ecológica

Acercamiento al tema

tomates

chirimoyas

melocotones

pimientos

chiles

sistema de riego

pesticidas

el mar de plástico…

sistema de riego (m) *Bewässerungsanlage*

pesticidas (m) *Pestizide*

mar (m) **de plástico** *Meer aus Plastik*

3.1 Distintos conceptos de agricultura

Agricultura convencional

- Sistema de producción extremadamente artificial, basado en el alto consumo de insumos externos (energía fósil, agroquímicos, etc.) sin considerar los ciclos naturales.
- En nuestros países del Primer Mundo equivale a "agricultura química", incluso a "agricultura industrial"; no a "agricultura intensiva". No debe confundirse con la "agricultura tradicional".
- Sistema de producción agropecuaria en la que se utilizan sustancias químicas sintéticas de manera parcial o total.

http://www.manualdelombricultura.com/glosario/pal/209.html [04/12/2012, 13:08]

insumo aquí: materias

equivaler corresponder

Agricultura sustentable, agricultura sostenible

Agricultura sustentable: Es la actividad agropecuaria que se apoya en un sistema de producción que tenga la aptitud de mantener su productividad y ser útil a la sociedad a largo plazo, cumpliendo los requisitos de abastecer adecuadamente de alimentos a precios razonables y de ser suficientemente rentable como para competir con la agricultura convencional; y además el ecológico de preservar el potencial de los recursos naturales productivos.
Agricultura sustentable o sostenible: Agricultura viable económicamente, especialmente en lo que se refiere a la producción de alimentos abundantes, y respetuosa con el medio ambiente.
Agricultura sostenible: Sistema de producción agropecuaria que permite obtener producciones estables de forma económicamente viable y socialmente aceptable, en armonía con el medio ambiente y sin comprometer las potencialidades presentes y futuras del recurso suelo.

http://www.manualdelombricultura.com/glosario/pal/219.html [04/12/2012, 13:13]

agropecuario,a *Landwirtschafts-*

abastecer distribuir

competir rivalizar

viable realizable

comprometer aquí: complicar, perjudicar

Agricultura convencional y agricultura ecológica: diferencias

El principio básico de la agricultura ecológica es la gestión de las explotaciones agrarias en consonancia con la naturaleza, protegiendo el medio ambiente, contribuyendo al bienestar animal y creando nuevas oportunidades para las comunidades rurales.
En la agricultura ecológica se usan recursos naturales en lugar de artificiales. El uso de organismos genéticamente modificados

gestión (f) **de las explotaciones agrarias** *Anbaumethoden*

rural en el campo

someterse a algo *sich etw. unterziehen*

(OGMs) está totalmente prohibido. Las explotaciones agrarias se someten a inspecciones anuales que garantizan su conformidad con los estándares de la agricultura ecológica.

La agricultura convencional (también conocida como agricultura intensiva), se caracteriza por tener como objetivo la máxima productividad posible.

La utilización de productos como abonos químicos y pesticidas, unidos a la mejora en las técnicas de producción, permitieron una mayor producción de alimentos, aumentando la disponibilidad en diversos puntos del planeta (sobre todo en los países desarrollados), pero su uso indiscriminado, su coste, y su impacto (negativo) en el medio ambiente y en la salud, cuestionan su utilización y rentabilidad a largo plazo.

por si lo anterior no fuera suficiente… *als wenn das Obige nicht schon genug wäre…*
promover fomentar
agotar *aufzehren, erschöpfen*

Por si lo anterior no fuera suficiente, la agricultura convencional promueve el monocultivo, que consiste en la plantación de una única variedad de cultivo en cada terreno, agotando la fertilidad de los suelos.

Fuente: Artículo de prensa: "Agricultura ecológica: Suelos sanos, Alimentos sanos", Confederación de Consumidores y Usuarios (CECU), septiembre 2009

¿Qué es la agricultura ecológica?

Dicho de manera sencilla, la agricultura ecológica es un sistema de producción agrícola que proporciona al consumidor alimentos frescos, sabrosos y auténticos, al tiempo que respeta los ciclos vitales de los sistemas naturales. […]

Las prácticas agrarias ecológicas usuales incluyen:

prerrequisito (m) *Voraussetzung*
in situ *vor Ort*
aditivos (m) **y coadyuvantes** (m) *Zusatzstoffe*
insumo (m) *Zusatz*
estiércol (m) *Dung, Mist*
cría (f) **de ganado** *Viehzucht*

- Rotación de cultivos como prerrequisito para el uso eficiente de los recursos in situ.
- Límites muy estrictos en el uso de pesticidas y fertilizantes sintéticos, antibióticos para ganado, aditivos y coadyuvantes en alimentos, y otros insumos.
- Prohibición del uso de organismos modificados genéticamente.
- Aprovechamiento de los recursos in situ, tales como el estiércol para la fertilización o alimentos para el ganado producidos en la propia granja.
- Selección de especies vegetales y animales resistentes a enfermedades y adaptadas a las condiciones locales.
- Cría de ganado en zonas al aire libre y espacios abiertos y alimentación ecológica.
- Uso de prácticas apropiadas para la cría de diferentes especies de ganado.

 http://ec.europa.eu/agriculture/organic/organic-farming/what-organic_es [02/12/2012, 12:24]

Una carta al director: Ecoagricultura para alimentar al mundo

Este martes la ONU, a través del informe anual de su relator especial sobre el Derecho a la Alimentación, Olivier de Shutter, pidió un giro radical y urgente hacia la ecoagricultura como la única manera de poner fin al hambre y de enfrentar los desafíos del cambio climático y la pobreza rural.

Llevamos años y años oyendo que la solución al hambre en el mundo, especialmente en África, pasaba por emprender "la revolución verde", esto es, incrementar la productividad de los cultivos, buscando la eficiencia económica y el rendimiento en un sistema totalmente industrializado y dependiente de las grandes multinacionales, de las semillas transgénicas, el petróleo, los fertilizantes, los agrotóxicos, etcétera. Ahora sabemos por boca de la ONU que es falso. La alternativa basada en soluciones campesinas y agroecológicas ha sido denostada desde Estados e instituciones, porque, como dice Shutter, "no va en línea con el paradigma dominante".

Pero finalmente la ONU reconoce lo que ha sido una verdad silenciada, que el modelo de producción agroecológica tiene un mayor rendimiento económico y es clave para frenar el cambio climático; o que en 20 países del África subsahariana, por ejemplo, los rendimientos aumentaron en un 214 % en 44 proyectos usando técnicas de agricultura ecológica. Este dato es muy superior a lo que jamás logró ningún cultivo genéticamente modificado. Es sin duda una buena noticia, en contraste con la posición de España, que en los últimos años se ha convertido en el mayor productor de transgénicos de Europa. [...]

Esperemos que este informe haga rectificar la posición de nuestro Gobierno.

Opinión de Javier Guzmán, Barcelona, 17/03/2011; fuente: http://elpais.com/diario/2011/03/17/opinion/1300316407_850215.html [10/11/2012, 19:56]

ONU = Organización de las Naciones Unidas *(UNO)*

giro radical y urgente *radikale und dringende Wende*

enfrentar los desafíos *sich den Herausforderungen stellen*

incrementar aumentar

rendimiento (m) *Ertrag*

multinacionales (f) empresas multinacionales

semillas transgénicas *genmanipulierte Samen*

denostar (-ue-) *schmähen*

clave (f) *Schlüssel*

frenar parar

rectificar corregir

3.2 La agricultura en Andalucía

Datos estadísticos

Distribución de la superficie de agricultura en Andalucía

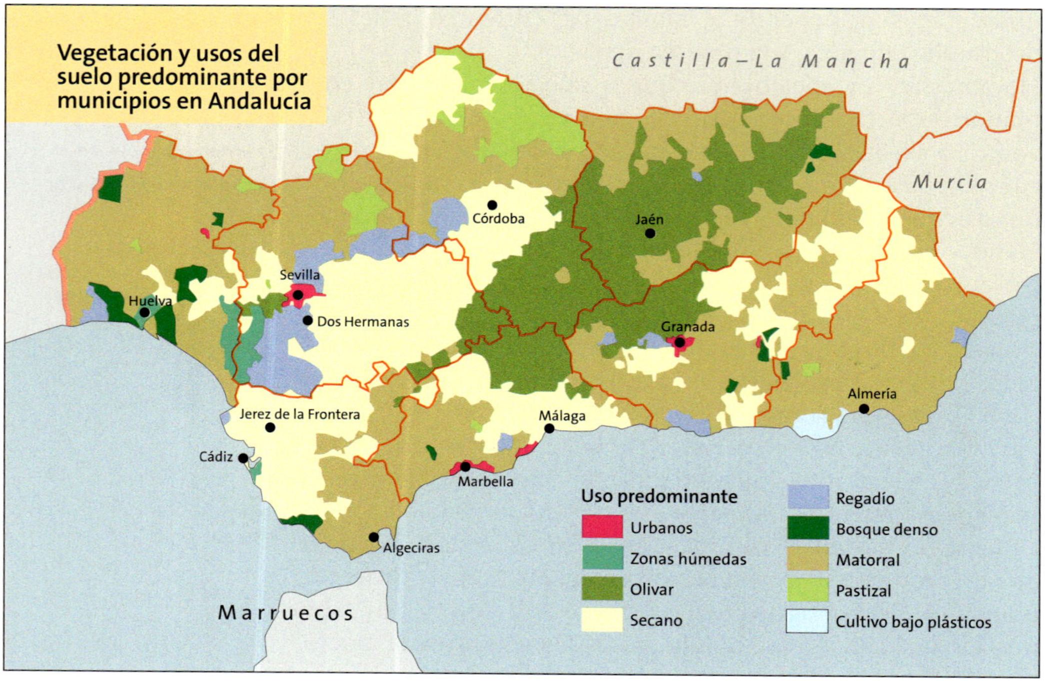

Según datos del Censo Agrario 2009, INE, las tierras labradas en Andalucía ocupan 3.183.567 hectáreas, los pastos permanentes se extienden por 1.219.193 hectáreas y se contabilizan 1.091.067 hectáreas catalogadas como "otras tierras". La superficie total de estas tierras, 5.493.830 hectáreas, constituye en torno al 63 % de la superficie total andaluza.

uso del suelo predominante *überwiegende Bodennutzung*; **secano** (m) *Trockenland*; **regadío** (m) *bewässertes Land*; **matorral** (m) *Buschwerk, Dickicht*; **pastizal** (m) *Weideland*; **tierra labrada** (f) *bewirtschaftete Fläche*; **pasto permanente** *ständig genutztes Weideland*; **catalogadas como** se definen como

Distribución de la superficie de agricultura ecológica en Andalucía

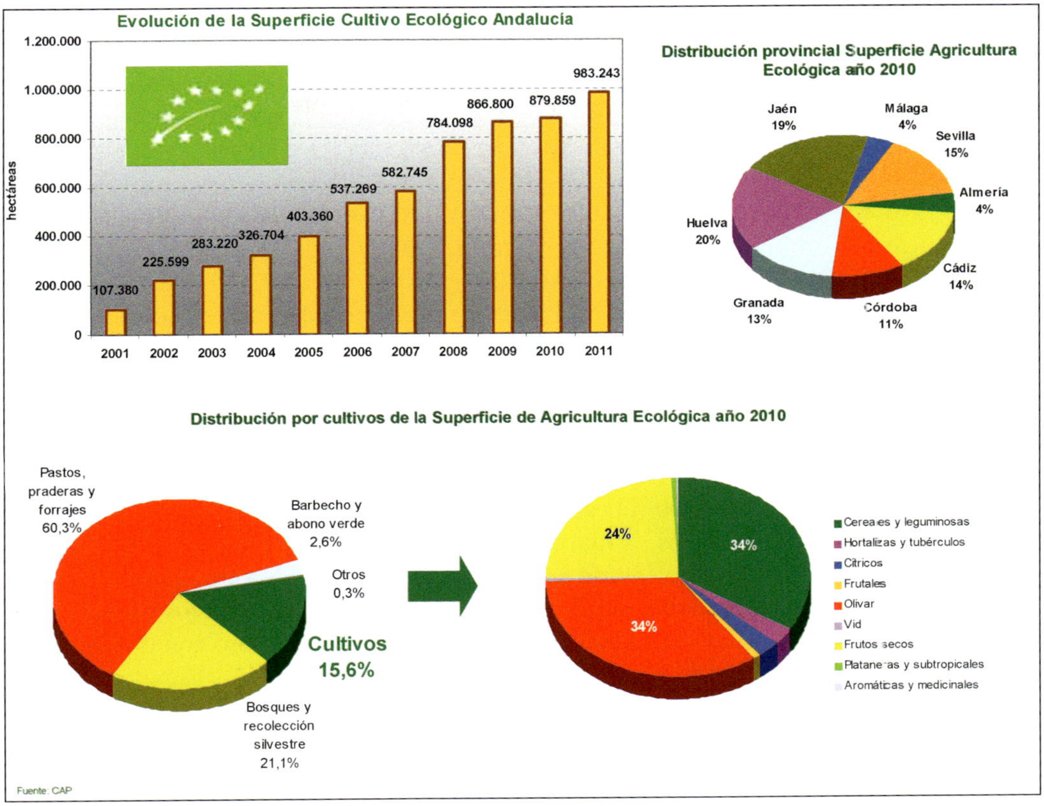

Placa informativa

"España se ha convertido en el país de la Unión Europea 27 con la mayor superficie de cultivo destinada a producción ecológica".

Fuente: El Sector Agrario y Pesquero en Andalucía, Sevilla 2012, p. 28

Junta resalta el liderazgo nacional de Andalucía tanto en operadores como en superficie de agricultura ecológica

La consejera de Agricultura y Pesca, Clara Aguilera, ha participado este miércoles en el foro sobre 'Estrategias por el liderazgo del sector ecológico andaluz', [...] donde ha resaltado el crecimiento de este sector en los últimos años en nuestra Comunidad. "Ahora mismo somos líderes nacionales en superficie de agricultura ecológica y en número de operadores y, además, también lideramos la creación de empleo en este sector a nivel nacional" ha resaltado Aguilera. En concreto, Andalucía alcanza el 40 por ciento del total del empleo en producción e industria ecológica

Placa informativa

El crecimiento del valor de la producción vegetal ecológica entre 2008 y 2011 es de un 395%.

liderazgo (m) *Führung*

operador (m) *Betreiber*

resaltar acentuar

de España y, como ha comentado la consejera, "hemos ido avanzando en la última década de forma muy importante gracias a la fuerte apuesta y decisión del sector andaluz por la producción ecológica".

Actualmente, Andalucía es la comunidad autónoma con más producción del país al concentrar el 54 por ciento de la superficie dedicada a la producción ecológica en España y, además, es el territorio que ha experimentado un mayor desarrollo en este tipo de agricultura en los últimos años. Ha aumentado casi un 69 por ciento respecto a 2007 al situarse en 2011 cerca de las 990.000 hectáreas. [...]

destacar resaltar, acentuar
actividad ganadera *Viehzucht*

Entre otras actividades de este sector, destaca en especial la ganadera, donde el número de explotaciones andaluzas ha aumentado en un 113 por ciento al pasar de 1.732 en 2007 a cerca de 3.700 el pasado año (más del 57 % del total de España). Por otro lado, el número de animales también se ha incrementado en este período, en este caso, en más del 88 por ciento (de casi 300.000 cabezas de ganado a cerca de 562.000).

acuicultura (f) *Aquakultur*
lubina (f) *Seebarsch*
dorada (f) *Dorade*
esturión (f) *Stör*
trucha (f) *Forelle*

Además, Andalucía es pionera en acuicultura ecológica con la producción de lubina, dorada, esturiones y trucha en Almería y Granada, siendo además la única que ofrece a los mercados caviar obtenido mediante un sistema respetuoso con el medio ambiente.

Europa Press, Sevilla, 22/02/2012; http://www.20minutos.es/noticia/1316829/0/ [10/11/2012, 20:29]

Por ejemplo: Almería

Superficie de cultivos hortofrutícolas con control biológico en Almería (ha)

Cultivo	2008/09	2009/10	2010/11	2011/12	2012/13
Pimiento	6.231,10	6.554,28	7.210	7.142	7.850
Melón	4.900,57	4.435,49	3.393	3.120	3.000
Sandía	2.130,37	2.661,68	2.835	2.720	2.500
Tomate	2.236,89	2.451,86	2.623	3.154	7.350
Pepino	1.579,32	1.891,67	1.991	2.350	2.660
Calabacín	949,06	776,12	982	1.106	870
Berenjena	665,52	662,42	964	1.081	1.220
Judía	114,96	92	83	81	130
Total	18.807,79	17.073,66	20.081	20.754	25.580

Fuente: Delegación Provincial de Agricultura y Pesca de Almería

Almería alcanza el 90 % del cultivo hortofrutícola bajo control biológico (03/12/2012)

La superficie de cultivos hortofrutícolas empleando métodos de control biológico de plagas aumentará un 20% en Almería en la presente campaña con respecto a la anterior, alcanzando más de 25.000 ha, lo que supone el 90% de la superficie total cultivada. Para extender los métodos de control biológico a la mayor parte de la extensión de cultivos intensivos, los agricultores almerienses y la Junta de Andalucía están realizando un importante esfuerzo en los últimos años, "que ha supuesto una inversión conjunta de más de 120 millones de € desde el año 2007, inversión de la que en torno a unos 45 millones han sido aportados por la Administración andaluza", según ha declarado recientemente el consejero de Agricultura, Pesca y Medio Ambiente, Luis Planas.
El principal incremento del uso de métodos de control biológico de plagas se ha experimentado principalmente en el cultivo de tomate, que pasará de las 3.150 ha de la pasada campaña a cerca de 78.350 en la presente, prácticamente dos tercios de la superficie total de este cultivo en la provincia.
El incremento de la superficie de tomate bajo control biológico supondrá una considerable reducción de los tratamientos con productos fitosanitarios químicos que, según datos de la Delegación de la Consejería, las 3.150 ha de tomate en control biológico de la pasada campaña ya supusieron un ahorro de 55% en productos fitosanitarios.
Además del tomate, también está previsto que se incremente la superficie de cultivo empleando control biológico en berenjena (1.220 ha), judía (130 ha), pepino (2.660 ha) y pimiento (7.850 ha).
Desde la Consejería de Agricultura se ha hecho hincapié en la necesidad de fomentar la aplicación de métodos agrícolas más respetuosos con el medio ambiente, que atiendan las demandas de los consumidores a través de técnicas de control biológico en los cultivos para reducir el uso de fitosanitarios, destacando Almería como la provincia con mayor extensión empleando estos métodos en la Comunidad andaluza.

https://ecosectores.com/DetalleArticulo/tabid/64/ArticleId/715/Almeria-alcanza-el-90-del-cultivo-hortofruticola-bajo-control-biologico.aspx [18/02/2013]

cultivo hortofrutícola cultivo de verduras, fruta, legumbre

incremento crecimiento

productos fitosanitarios químicos son, p.ej., herbicidas, insecticidas, plaguicidas

berenjena *Aubergine*
judía *Bohne*
pepino *Gurke*
pimiento *Paprika*
hacer hincapié en *Nachdruck legen auf*

3.3 El papel de la Unión Europea en el fomento de la agricultura ecológica de Andalucía

Lidera

LÍNEAS DE AYUDA

Formación
Promoción
Modernización de los sectores agrario, forestal y agroindustrial
Diversificación de la economía rural
Mejora de la calidad de vida

¿DE QUÉ TIPO DE AYUDAS DISPONE LIDERA?

Se trata de subvenciones directas ("a fondo perdido") destinadas a cofinanciar inversiones que realicen las empresas y otras entidades

http://www.juntadeandalucia.es/agriculturaypesca/portal/areas-tematicas/desarrollo-rural-sostenible/marco-andaluz/lidera/index.html [19/07/2012]

El trabajo informativo de la UE: un ejemplo

¿Por qué tiene que ser ecológico?

- **A: Biodiversidad**

Un principio general de la agricultura ecológica es que cada organismo vivo debe ser tomado en consideración: desde el más pequeño microorganismo viviente en el suelo, hasta el árbol más imponente que se alza sobre él. Todo ello sin olvidar a los seres humanos. Por esta razón, cada eslabón de la cadena de suministro de los productos ecológicos se orienta a mantener y, si es posible, incrementar la diversidad vegetal y animal. Las prácticas que contribuyan a aumentar la biodiversidad vuelven a ser resultado tanto de una buena práctica agrícola como de la aplicación del Reglamento de la UE sobre agricultura ecológica.

tomar en consideración tener en cuenta

imponente inmenso

eslabón (m) **de la cadena de suministro** *Glied in der Lieferkette*

 http://ec.europa.eu/agriculture/organic/environment/biodiversity_es [19/07/2012]

- **B: Bienestar de los animales**

Los consumidores actuales esperan, como es lógico, que los animales destinados a la producción de alimentos disfruten de las necesidades básicas que nosotros, como seres humanos, consideramos esenciales: buena alimentación, condiciones de vida adecuadas y asistencia sanitaria. Como en sus otros métodos de producción, la agricultura ecológica ha adoptado unos principios básicos y unas prácticas cuidadosas a través de las cuales conseguir estos objetivos.

- **C: Desarrollo rural**

El incremento de las demandas de los consumidores en relación con los productos ecológicos está creando numerosas oportunidades en todos sectores de la cadena de suministro de alimentación, con el consiguiente impulso del desarrollo rural y económico en muchas áreas rurales de la UE. [...] Además de proporcionar mayor seguridad económica a productores, transformadores, distribuidores y comerciantes ecológicos, los beneficios económicos directos e indirectos de esta tendencia al alza se extenderán a otros negocios rurales y a estas comunidades en general.

demanda *Nachfrage*
proporcionar aportar

3.4 Reflexión crítica

Alimentos ecológicos... ¿sí o no?

A pesar de que está claramente demostrado que la producción de alimentos ecológicos presenta mayores beneficios sobre el medio ambiente que la agricultura convencional, a lo largo del año 2010, y en lo que llevamos del 2011, se han publicado una serie de artículos en las mejores revistas científicas internacionales de alimentación que no solamente avalan que los alimentos ecológicos no son mejores nutritivamente que los alimentos tradicionales, sino que, además, demuestran que los alimentos tradicionales no implican mayor riesgo para el consumidor, en términos de salud pública, que los alimentos ecológicos.
Si a esto sumamos su elevado precio en comparación con el del alimento tradicional y la gran confusión que sigue existiendo en su etiquetado a pesar de las últimas normativas, podemos afirmar que la situación de la agricultura y ganadería ecológica pasa por un difícil momento.

avalar *bürgen*
nutritivo,a *nahrhaft*
implicar tener
elevado,a alto
etiquetado (m) *Etikettierung*

ácidos grasos (m) *Fettsäuren*

carotenoides, polifenoles (m): *sekundäre Pflanzenstoffe*

difundir propagar

evidenciar probar

riguroso,a duro, fiable

exigente severo

Analicemos la situación mediante tres preguntas clave.

1) ¿Son los alimentos ecológicos más nutritivos que los alimentos tradicionales?

Diferentes grupos de investigación pertenecientes a todo el mundo han evaluado el efecto de la producción ecológica de aceites, vinos, frutas o verduras ecológicas sobre la concentración de diversos nutrientes tales como ácidos grasos, vitaminas, minerales, carotenoides, polifenoles y muchos otros componentes de alimentos vegetales, así como su capacidad antioxidante y otras características propias de este tipo de productos.

Los resultados, publicados en revistas de gran relevancia científica como son "Food Chemistry", "Journal of Agricultural and Food Chemistry", "Food Research International", "Journal of Food Science" o "Journal of Food Composition and Analysis" muestran como el perfil nutricional de los productos ecológicos analizados no mejora al de los alimentos tradicionales.

Los investigadores implicados en estos estudios llegan a afirmar que los defensores de la producción ecológica deberían buscar otros argumentos, lejos de los nutricionales, para difundir las bondades de estos productos.

2) ¿Son los alimentos ecológicos más seguros para la salud humana que los alimentos tradicionales?

Diversos investigadores han realizado numerosos estudios comparativos acerca del efecto del consumo de alimentos ecológicos y convencionales sobre la salud humana, evidenciando que no existen diferencias significativas. Además, se han publicado estudios rigurosos en revistas como "Food Microbiology" o "Food and Chemical Toxicology" sobre las diferencias entre alimentos ecológicos y tradicionales en cuanto a la presencia de contaminantes de origen químico o microbiológico, mostrando como las diferencias entre ambos tipos de producción tampoco son significativas. Este hecho contradice uno de los puntos fuertes de los defensores de los alimentos ecológicos. A pesar de que un análisis superficial podría indicar que, al utilizar menos productos químicos de síntesis, el alimento ecológico podía presentar menor riesgo sanitario, la realidad confirma que los controles sanitarios que hoy se le hacen a los alimentos tradicionales son lo suficientemente exigentes para asegurar el buen estado sanitario de los mismos.

3) ¿Es la producción ecológica más respetuosa con el medio ambiente que la agricultura intensiva?

Es absolutamente cierto que los productos agroalimentarios ecológicos son obtenidos a través de una agricultura o ganadería basada en el respeto al medio ambiente, al bienestar animal y al mantenimiento o incremento de la productividad del suelo y su estructura mediante la utilización de técnicas respetuosas con el entorno y que prescinden del uso de productos químicos de síntesis. Debido a ello los perjuicios medioambientales que se originan en su producción son claramente inferiores a la de los productos convencionales.

prescindir de algo *auf etw. verzichten*

Aunque la respuesta a las dos primeras cuestiones podría resultar demoledora para la producción ecológica, debemos hacer una reflexión. A pesar de que el alimento ecológico no presenta mejores características nutritivas ni sanitarias que el alimento tradicional, el gran beneficio de la producción ecológica sobre uno de los grandes problemas de este siglo XXI, el medio ambiente, les hace tener un gran valor añadido.

demoledor,a destructivo

Como indiqué en la presentación de la serie "Avances en Nuevos Alimentos" el único objetivo es proporcionar al consumidor toda la información necesaria acerca de estos alimentos.

Potenciemos la producción ecológica pero basándonos en realidades científicamente contrastadas y no en tendencias o modas. Es posible que nos hubiese gustado que los resultados de estos estudios fuesen distintos pero, como afirmó el gran científico estadunidense Marcus Jacobson, "la ciencia puede descubrir lo que es cierto, pero no siempre coincide con lo que es bueno, justo y humano".

José

potenciemos vamos a desarrollar, fomentar, aumentar

Fuentes: Journal of Food Composition and Analysis 23, (2010), 561. Food Chemistry 126, (2011), 411. Food Microbiology 27, (2010), 679. Food Chemistry 109, (2008), 670. Food and Chemical Toxicology 48, (2010), 3058.

Posted on 23 febrero, 2011; http://scientiablog.com/author/josemln/; http://scientiablog.com/2011/02/23/ alimentos-ecologicos-%C2%BFsi-o-no/ [10/11/2012, 20:39]

Un comentario

Gonzalo Alcaraz Ruiz dijo (22/10/2011) a las 10:28 pm:

Bueno, yo consumo productos ecológicos por varias razones: 1) creo que son más saludables, ya que mi instinto me dice que si no se utilizan productos de síntesis ni manipulaciones genéticas, por mucho que digan esos estudios (por cierto, los hay de todos los colores), a medio y largo plazo serán más positivos para mi salud; 2) son mucho más sabrosos (has probado un tomate de un super y otro ecológico? por favor, no tienen nada que ver); 3) la alimentación convencional favorece los intereses de grandes corporaciones que especulan con el valor de los alimentos, con consecuencias nefastas para pequeños productores. Por cierto, estoy seguro que esos estudios que enumeras están subvencionados por esas corporaciones para restar méritos a la agricultura ecológica. En fin, no tengo pruebas de nada, pero igual que un cristiano no las tiene de la existencia divina y cree en ella, yo tengo la misma legitimidad para depositar mi confianza en la alimentación ecológica.

productos de síntesis (f) productos no naturales

nefasto,a desfavorable, adverso

restar disminuir, quitar

http://scientiablog.com/2011/02/23/alimentos-ecologicos-%C2%BFsi-o-no/ [10/11/2012, 20:50]

4. El pueblo gitano: ¿Quiénes son, de dónde provienen y dónde habitan?

4.1 Acercamiento

Imágenes del mundo gitano

Guadix, familia gitana en Cuatro Veredas

Definiciones de diccionarios

a) Diccionario de la lengua española (22ª edición)

gitano, na
(De *egiptano*, porque se creyó que procedían de Egipto.)
1. adj. Se dice de los individuos de un pueblo originario de la India, extendido por diversos países, que mantienen en gran parte un nomadismo y han conservado rasgos físicos y culturales propios. Ú. t. c. s.
2. adj. Propio de los gitanos, o parecido a ellos.
3. adj. Que tiene gracia y arte para ganarse las voluntades de otros. U. más como elogio, y especialmente referido a una mujer. Ú. t. c. s.
4. adj. coloq. Que estafa u obra con engaño. Ú. t. c. s.
5. adj. ant. egipcio (natural de Egipto).
6. m. caló.

Real Academia Española, Diccionario de la lengua española; http://lema.rae.es/drae/?val=gitano [15/10/2012, 13:07]

Ú. t. c. s. = Úsase también como sustantivo

b) Diccionario de la lengua española (19ª edición)

gitano, na. (De *egiptano.*) adj. Dícese de cierta raza de gentes errantes y sin domicilio fijo, que se creyó ser descendientes de los egipcios y parecen proceder del norte de la India. Apl. a pers., ú. t. c. s. || **2.** Propio de los **gitanos**, o parecido a ellos. || **3.** Natural de Egipto. || **4.** fig. Que tiene gracia y arte para ganarse las voluntades de otros. Suele usarse en buen y en mal sentido aunque por lo común se aplica con elogio, y en especial hablando de las mujeres. Ú. t. c. s.

Real Academia Española, Diccionario de la lengua española, Madrid 1970, p. 666

gentes errantes pueblo nómada

elogio *Lob*

c) Spanisch-deutsches Wörterbuch

gitanear

gitanear [xitane'ar] *vi* **1.** *(hacer el gitano)* sich wie ein Zigeuner benehmen **2.** *(en negocio)* betrügerisch handeln **3.** *(chalanear)* schachern

gitanería [xitane'ria] *f* **1.** *(halago)* hinterlistige Schmeichelei *f* **2.** *(grupo)* Zigeunertruppe *f* **3.** *(vida)* Zigeunerleben *nt* **4.** *(acción)* Zigeunerstreich *m*

gitanismo [xita'nismo] *m* **1.** (SOCIOL) Zigeunertum *nt* **2.** (LING) Wörter und Redewendungen aus der Zigeunersprache **3.** *(gitanería)* Zigeunerleben *nt*

gitano, -a [xi'tano, -a] **I.** *adj.* **1.** *(de los gitanos)* Zigeuner- **2.** *(galanero)* schmeichlerisch **3.** *(tramposo)* schwindlerisch **II.** *m, f* **1.** *(calé)* Zigeuner(in) *m(f)*; **va hecho un ~** *(fig)* er sieht heruntergekommen aus; **menudo ~** (*reg:* GASTR) *Bezeichnung für Kaldaunen in Sevilla* **2.** *(estafador)* Schwindler(in) *m(f)*

Pons Wörterbuch Spanisch für Schule und Studium; Klett Verlag, Stuttgart 2000, S. 624

Kaldaunen *Eingeweide*

d) Duden

Zigeuner: Die Bezeichnungen *Zigeuner, Zigeunerin* werden vom Zentralrat Deutscher Sinti und Roma als diskriminierend abgelehnt. Deshalb sollte die Menschengruppe lieber als *Sinti und Roma* bezeichnet werden.

Duden – Die deutsche Rechtschreibung, © Bibliographisches Institut & F.A. Brockhaus AG, Mannheim, 24. Aufl. 2006, S. 1141

e) Diccionario etimológico

GITANO 'cíngaro', 1570, significó también 'egipcio' en el período clásico; probte. de *egiptano*, deriv. de *Egipto*, por haber afirmado los gitanos que procedían de este país.
DERIV. *Gitanería. Gitanesco. Agitanado.*

Joan Corominas: Breve diccionario etimológico de la lengua castellana, Editorial Gredos, Madrid 1961, p. 291

4.2 El origen histórico

Supuesta migración gitana a Europa

Los gitanos llegan a Europa

El camino empezó en la India... El pueblo gitano – *o rromanò thèm* – es indio de origen y europeo y transnacional de proyección. El origen indio del pueblo gitano – en concreto en el noroeste del subcontinente indostánico, que abarca las regiones del Punjab y el Sinth – es compartido por la casi totalidad de los investigadores. Según el lingüista Vania de Gila Kochanowski, en el siglo IX el **Islam** invade la India y los indios que moraban en los territorios noroccidentales de la península indostánica emprenden una gran migración hacia el oeste. La segunda migración se produce en el siglo XIII, cuando los hoy llamados gitanos abandonan sus casas ante la llegada de los ejércitos mongoles que conquistan el territorio. A partir de entonces el éxodo de viajeros es continuo.

morar quedarse

emprender comenzar (-ue-)

... cruzó Persia... El doctor Donald Kenrick no cree que el camino que desde la India trajo a los *romà* hasta las orillas del Mediterráneo occidental fuese recorrido por un grupo uniforme de población india que se dirigía hacia el oeste. Kenrick apuesta por "que los inmigrantes indios, procedentes de distintas tribus – *Sott, Sindhi* –, se casaron entre sí, se mezclaron en **Persia** y allí formaron un pueblo denominado *Dom* o *Rom*. Gran parte de ellos prosiguieron luego su desplazamiento hasta Europa y sus descendientes son los gitanos de hoy". Los oficios que ejercían estos hombres iban desde soldados y agricultores hasta artesanos y artistas. Las hambrunas, las invasiones de los hunos, de los árabes o de los mongoles, las guerras y los desórdenes, y la esperanza de encontrar unas mejores condiciones de vida en otra tierra hicieron que poco a poco diversos grupos de gitanos viajasen en pos del Sol, atravesando el Bósforo y llegando a Europa.

hambruna época de gran hambre por malas cosechas, catástrofes naturales, etc.
hunos un pueblo eslavo
detectar descubrir, hallar

... y siglos después los *romà* llegan a Europa. Grecia y Armenia fueron importantes cabezas de puente en este paso desde Oriente al continente europeo. A mediados del siglo XIV se detectan ya asentamientos gitanos en casi todas las islas del Mediterráneo y en la Grecia continental. Según algunos autores, el primer territorio europeo que pisaron los *romà* fue **Corfú** a principios del siglo XIV. Poco a poco los grupos gitanos se fueron extendiendo por toda Europa. Dependiendo de las costumbres, la zona geográfica que ocuparon y la variante dialectal de la propia lengua

Los Romà llegan a Europa

hablada por los gitanos, se van configurando los grandes grupos gitanos que han sobrevivido hasta hoy en día: *kalé, lovari, sinti, kalderash* y *manouche*.

El atractivo de lo desconocido. Los primeros *romà* que llegan a Europa deambulan de país en país relatando las más extraordinarias y misteriosas historias sobre su origen. Los habitantes de los países a los que llegan les escuchan embelesados, pero cuando desaparece la magia por lo desconocido los empiezan a ver como invasores, cuando no como vagabundos, delincuentes o ateos. A partir de ahí, la historia de los *romà* está sembrada de persecuciones, castigos e incomprensión.

Fragmento del artículo "Los gitanos en España" de Agustín Vega Cortés; http://www.unionromani.org/pueblo_es.htm [08/10/2012, 12:51]

deambular recorrer, vagabundear
embelesado,a fascinado, hipnotizado
delincuente (m/f) criminal
ateo,a persona que no cree en Dios
sembrar aquí: marcar
castigo sanción

Idioma y diccionario gitanos

El Pueblo Gitano se encuentra disperso por todo el mundo debido a sus múltiples migraciones pero está unido por un origen común, del que la lengua es testimonio decisivo.

La lengua gitana (el romaní), manifestación máxima de la cultura del pueblo, es una de las lenguas más antiguas del mundo. Tiene raíces sánscritas, y fueron los lingüistas de finales del siglo XVIII, Grelíman, Rúdiger, etc., los que pusieron las bases que apoyaban la afinidad entre el dialecto hablado por los gitanos y la lengua madre de la India. Posteriormente otros lingüistas han comprobado que gran parte del vocabulario romaní está conexionado con el vocabulario utilizado por los grupos que habitan en el norte de la India.

El Sánscrito, lengua culta de una larga tradición religiosa y literaria ha sido utilizada desde muy antiguo. Posee una notable riqueza fonológica y morfológica; las formas verbales son muy variadas y su métrica está basada en la combinación de sílabas breves y largas (semejante a las de las lenguas latín y griego). Los textos más antiguos son los Vedas, escritos en lengua muy arcaica (sánscrito védico). […]

En España se habla el Caló; conserva un léxico básico de la lengua pero adoptando la estructura gramatical del castellano. Al mismo tiempo este dialecto ha enriquecido las lenguas españolas, especialmente el castellano, transmitiendo palabras a su vocabulario.

El Caló ha aportado palabras (sustantivos, adjetivos, verbos...) como por ejemplo: gachó, menda, gili, chalao, chalar, chipé, mangar, chanelar, cate, chunga y así numerosos términos.

Las causas determinantes de la disminución del uso del Caló han sido diversas: el no disponer de medios y educación cultural su-

disperso,a esparcido
afinidad (f) semejanza
conexionado,a relacionado
Fonología y **morfología** son las ciencias que se dedican a la investigación de los sonidos resp. la formación de las palabras.
arcaico,a antiguo

Placa informativa
Vedas: religiöse, aus dem Hinduismus stammende und zunächst mündlich überlieferte Texte. Die frühesten schriftlichen Zeugnisse sollen um 1200 v. Chr. entstanden sein.

ficientes para luchar contra la asimilación, el sedentarismo, las persecuciones habidas a lo largo de la historia, lengua desprestigiada por desconocimiento y desprestigiada por el poder dominante, obligación de utilizar el castellano como medio de comunicación..., etc. Como consecuencia solamente los viejos conocen algo el Caló, los jóvenes conocen un número escaso de palabras y los niños apenas sí conocen alguna expresión.

http://www.al-andalus.info/Comunidad%20gitana/El%20calo_%20Idioma%20del%20pueblo%20gitano.htm [12/11/2012, 11:16]

sedentarismo lo contrario de nómada
desprestigiado,a sin prestigio, sin estimación

4.3 La distribución geográfica del pueblo gitano

El número de gitanos que habitan en Europa

Resulta muy difícil cuantificar el número de gitanos que habitan Europa. Los actuales censos ofrecen poca fiabilidad por el carácter tradicionalmente nómada de los *romà*, que si bien en claro descenso, especialmente en algunos países, todavía perdura. Por estas razones todas las cifras que se den tienen que ser tomadas con mucha cautela.

censo *Zählung, Erhebung*
fiabilidad *Zuverlässigkeit*
perdurar seguir existiendo
cautela precaución

Distribución por países de los *romà* europeos

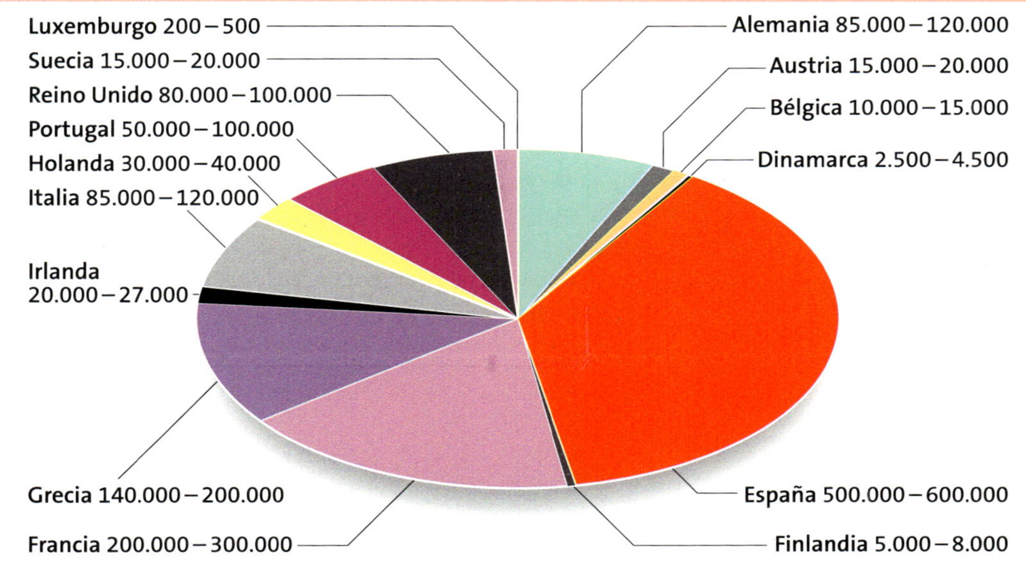

Fuente: European Roma Rights Center, Minority Rights Group, Centre de Recherches Tsiganes y UNICEF

La comunidad gitana ronda los doce millones de personas. Hoy en día los *romà* europeos forman una comunidad de 10 millones de personas. La mayoría vive en la Europa del Este, en concreto ocho millones, mientras que los casi **dos millones** restantes pueblan el territorio de los países miembros de la Unión Europea. La cifra aproximada de *romà* que habitan el planeta ronda los 12 millones de personas.

Rumanía es el país con más ciudadanos gitanos. En el gráfico se puede observar la población gitana que habita en los 15 países de la Unión Europea. Del resto de los países europeos destaca Rumanía, con casi 3.000.000 de gitanos, lo que corresponde al 9,15 % de la población total.

Fragmento del artículo "Los gitanos en España" de Agustín Vega Cortés; http://www.unionromani.org/pueblo_es.htm [08/10/2012, 12:51]

Los gitanos en Andalucía

Advertencia: Las cifras varían en las diferentes fuentes.

disperso,a desperdigado, repartido

segregación (f) separación, rechazo

carencia falta

Hoy viven en Andalucía en torno a 225.000 gitanos en unas 45.000 familias. Los gitanos representan entre el tres y el cuatro por ciento de la población andaluza.

Andalucía es la Comunidad Autónoma española donde vive un mayor número de gitanos; más del 40 % de todos los gitanos de España residen aquí. La población gitana se encuentra dispersa por las localidades rurales y urbanas de toda la Comunidad, destacando su presencia en algunas zonas y comarcas, como ocurre en el Norte de la provincia de Granada, donde hay más de 20 pueblos donde los gitanos suponen más del 15 % de la población local. Los gitanos viven también en zonas rurales, aunque no en todas, prefiriendo aquellas bien comunicadas y con cierta riqueza agrícola o comercial.

Esa variada distribución geográfica se acompaña de una variada integración cultural y social-laboral. En esta Comunidad Autónoma se da la mayor variedad de relaciones interétnicas y de situaciones sociolaborales. No están ausentes la discriminación, la segregación y las carencias extremas; pero son frecuentes también muchas situaciones intermedias y formas de integración que abundan menos fuera de Andalucía.

Fragmento de: "Los gitanos andaluces: presente y futuro de una minoría étnica" por Juan F. Gamella; http://www.aloj.us.es/gicomcult/portada/37tx/28.htm [20/10/2012, 18:16]

4.4 La situación social de la etnia gitana

4.4.1 Las condiciones en que viven

Distintas formas de vivir

La integración residencial de la población gitana en España

chabolas y asentamientos segregados *Hütten und abgetrennte Siedlungen*
infravivienda *Behausung*
FSG Fundación Secretariado Gitano

España es el país europeo en el que más se ha avanzado en la integración residencial de la población gitana pero, aún así, no debemos olvidar que un 4% de las familias gitanas vive en chabolas y asentamientos segregados y un 12% en infraviviendas, sobre todo en Galicia y Andalucía, según el informe Mapa sobre vivienda y comunidad gitana, 2007 realizado por la FSG y el Ministerio de Vivienda. Se ha avanzado mucho, pero queda un largo camino por recorrer.

El acceso a una vivienda digna es una condición esencial para la promoción e integración social de cualquier persona. Por ello, desde la FSG creemos que se debe seguir trabajando para dar respuesta a la situación de desigualdad en materia de vivienda que la comunidad gitana vive respecto al resto de la población.

La universalización de las políticas de Bienestar y el acceso a viviendas y a entornos urbanos más normalizados que se produjo en la década de los 70 y 80 permitieron a muchos gitanos españoles mejorar sus condiciones de vida y fue clave en el avance en la incorporación social que ha experimentado esta comunidad.

realojo *Umquartierung*

Sin embargo, la situación de aquellas familias que no se beneficiaron de estos planes o que sufrieron las consecuencias de medidas inadecuadas en este terreno, siguen padeciendo los efectos de la exclusión: la creación de barrios de tipología especial, la persistencia del chabolismo, los realojos en barrios sin los equipamientos adecuados... no han hecho sino agravar las desfavorables condiciones de partida, facilitando que otras problemáticas sociales vinieran a complicar el panorama y a contribuir a la mala imagen y al rechazo social que persigue a esta comunidad y que actúa como una barrera más para su promoción.

Por todo ello, las actuaciones desarrolladas desde el Área de Vivienda de la FSG siguen una misma línea estratégica: favorecer el acceso de la comunidad gitana a una vivienda digna en un contexto inclusivo y normalizado.

http://www.gitanos.org/que-hacemos/areas/vivienda/index.html [16/10/2012, 18:22]

El Ministerio de Vivienda y la Fundación Secretariado Gitano presentan el "Mapa sobre vivienda y comunidad gitana en España, 2007"

Los avances desde 1991

Avance sensible en los últimos 15 años en términos absolutos; ámbitos de mejora:

- Mejora de las condiciones de las viviendas y del acceso a servicios básicos.
- La vivienda normalizada ha pasado del 68% en 1991 al 88% actual.
- Reducción significativa de las situaciones de exclusión residencial más graves: Las situaciones de mayor exclusión que en 1991 representaban el 31% de los casos se han reducido en casi 20 puntos (12% actual).
- Progresivo aumento del acceso a la vivienda a través del mercado libre y del porcentaje de viviendas dispersas e integradas en la trama urbana.
- Medidas de erradicación de infravivienda desde las CCAA y municipios.

[...]

Las desigualdades

- Heterogeneidad en las situaciones y diferencias entre CCAA y entre los municipios.
- Concentración en determinados barrios y deterioro urbano y de las viviendas.
- Persistencia del chabolismo y la infravivienda como paradigma de la exclusión social; 10.800 infraviviendas; 4.000 chabolas.
- Hacinamiento: 30% población gitana; 0,6% población general.
- Insuficientes garantías y posibilidades en las fórmulas de acceso a la vivienda pública.
- Los efectos de la discriminación sobre la vivienda.

→ Hay una distancia objetiva con el conjunto de la población española en esta materia que requiere la actuación compensatoria de los poderes públicos.

por: FSG, 07/10/2008; http://www.gitanos.org/servicios/prensa/comunicados/30857.html [16/10/2012, 21:59]

disperso,a difundido

erradicación (f) eliminación

CCAA Comunidades Autónomas

hacinamiento aglomeración

Vivienda y su equipamiento de la población gitana en general (2011)

Distribución porcentual de hogares según tipo de vivienda en la que residen				
	Población gitana rumana	Población gitana búlgara	Población gitana del este	Población gitana española
Unifamiliar	12,5	14,3	12,9	30,4
Chabola	7,0	4,3	6,4	0,7
Parte de una casa	13,2	11,4	12,9	5,1
Barracones	0,0	0,0	0,0	0,3

Distribución porcentual de hogares según tipo de vivienda en la que residen

	Población gitana rumana	Población gitana búlgara	Población gitana del este	Población gitana española
Piso en edificio menos de 10 viviendas	28,6	24,3	27,7	22,5
Caravanas	2,4	0,0	2,0	0,2
Piso en edificios más de 10 viviendas	32,8	40,0	34,2	40,1
Residencia en espacios no vivienda	0,7	0,0	0,6	0,1
Residencia de estudiantes o trabajadores	0,0	0,0	0,0	0,1
Prefabricados o casas móviles	1,4	0,0	1,1	0,4
Otros	1,4	5,7	2,2	0,0
Total	**100,0**	**100,0**	**100,0**	**100,0**
Base (N)	**260,0**	**101,0**	**361,0**	**1.497,0**

http://www.gitanos.org/publicaciones/empleo%20e%20inclusion/empleo_e_inclusion_social.pdf, p. 168 [23/10/2012]

Programa para la atención al pueblo gitano

Se concede un crédito de 1.065.160 euros para proyectos de intervención social, de carácter integral, que promueven el desarrollo de este pueblo.
La distribución del crédito es la siguiente:

Comunidad Autónoma	Euros	Comunidad Autónoma	Euros
Andalucía	272.372,09	Extremadura	55.111,38
Aragón	22.261,84	Galicia	74.188,39
Asturias	34.979,85	Comunidad de Madrid	144.137,45
Baleares	26.490,53	Región de Murcia	76.308,06
Cantabria	16.957,35	La Rioja	8.478,67
Castilla-La Mancha	21.196,68	Comunidad Valenciana	114.462,09
Castilla y León	93.265,41	Ciudad de Melilla	5.325,80
Cataluña	99.624,41	**Total**	**1.065.160,00**

http://www.lamoncloa.gob.es/ConsejodeMinistros/Referencias/_2011/refc20110225; última actualización: 25/02/2011; origen de los datos: Ministerio de la Presidencia [15/10/2012, 20:52]

4.4.2 La población gitana joven: entre fracaso escolar y carrera profesional

La acogida de los niños gitanos en el aula

El gitano ha sido desde siempre un pueblo de tradición oral. Nunca ha escrito nada. Como consecuencia, la tasa de analfabetismo entre los gitanos ronda el 60%. Nos encontramos, pues, ante un pueblo que no dispone de la preparación necesaria para afrontar los retos de la sociedad actual y, sobre todo, que se encuentra indefenso ante la sociedad mayoritaria.

En la enseñanza nos encontramos con un doble fenómeno. Numerosos centros educativos ponen impedimentos a que las niñas y los niños gitanos acudan a clase en compañía de niños que no son gitanos. Temen que los padres de estos alumnos se movilicen y se opongan a que sus hijos vayan a clase con gitanos. Pero, de igual forma, la escuela convencional no recoge entre sus planes de estudio elementos de cultura o de la estructura social del pueblo gitano. Por ambos motivos, no todas las escuelas se encuentran en disposición de acoger a escolares gitanos ni todos los padres y los niños gitanos ven en la escuela algo útil para su futuro. La consecuencia es evidente: entre los escolares gitanos se registra una amplia tasa de absentismo escolar.

http://www.unionromani.org/pueblo_es.htm [16/10/2012, 14:04]

afrontar dar la cara
impedimento obstáculo
absentismo ausencia

Bajo nivel educativo

Se ha avanzado mucho en la escolarización de los niños gitanos, pero subsisten muy serios problemas de asistencia regular y continuada a la escuela (absentismo) así como de temprano abandono de la instrucción académica sin llegar a obtener las credenciales correspondientes a la enseñanza primaria ni acceder a la secundaria (fracaso escolar).

El absentismo es especialmente intenso hasta los siete años y a partir de los once, por lo que ese período puede considerarse hoy el de mayor escolarización de los niños gitanos. Sus retrasos y ausencias, junto a la falta de apoyo familiar y las diferencias sociales y culturales con sus compañeros y maestros, que a menudo perpetúan prejuicios antigitanos, hacen difícil y frustrante la experiencia escolar para muchos niños y niñas calé y contribuyen a su fracaso escolar.

Las niñas gitanas tienen problemas específicos de escolarización y de asistencia a la escuela. Su abandono es aún mayor que en los varones y ocurre incluso en familias que conceden importancia

subsistir durar
credencial (f) documento
retraso demora
perpetuar eternizar
calé gitano
varón (m) chico
conceder dar

predisponer animar

payo,a palabra que suelen utlizar los propios gitanos para personas que no son de su etnia

estereotipo imagen / opinión fija

veinteañero,a de 20 años

enviudar tras la muerte de su marido la mujer es viuda

oposiciones (f) exámenes muy duros para obtener un puesto como funcionario

despojarse quitarse

a la formación académica de sus hijos. Su papel en la familia y el mundo gitano no predispone a sus padres a invertir tiempo o recursos en su instrucción o formación académicas.

Fragmento de: "Los gitanos andaluces: presente y futuro de una minoría étnica" por Juan F. Gamella; http://www.aloj.us.es/gicomcult/portada/37tx/28.htm [20/10/2012, 18:16]

"No te dejan integrarte"

Pilar Clavería, presidenta de Kamira (una federación nacional de asociaciones de mujeres gitanas), asegura que las condiciones de la etnia "están mejorando mucho en general, aunque la discriminación y el racismo siguen siendo permanentes". "Aunque quieras integrarte, no te dejan", asegura. "Si una paya aspira al mismo trabajo que tú, es seguro que se lo dan a ella", asegura.

María José Jiménez, universitaria de etnia gitana, no ha sentido la discriminación en carne propia, pero asegura que persisten los estereotipos: "Se retrata por un lado a la gitana bailaora y por el otro a la marginal, pero la mayoría no somos así. La mayoría participamos de la normalidad". Ella y su hermana Irene, veinteañeras, visten como el resto de las jóvenes y es difícil saber que son de esa etnia. En cambio, su abuela lleva la tradicional falda gitana negra desde que enviudó hace 18 años. María José e Inés son como otras "gitanas invisibles" que se enfrentan a la discriminación sobre todo "a la hora de buscar trabajo y de alquilar un piso". Más de la mitad de los gitanos se han sentido discriminados en el empleo, según el Secretariado General Gitano.

En el proceso de cambio, los romaníes tratan de no perder su raíz. Juan José Bustamante, el primer gitano que prepara las oposiciones para juez, asegura que "no hay que confundir la marginalidad con la cultura romaní". Cree que el reto de los gitanos es "despojarse de la pobreza y la marginación y recuperar una historia y una cultura propia, basada en el gran sentido de la familia, la comunidad y el respeto a los mayores".

Fragmento del reportaje: "La mujer, motor del cambio gitano" por Ana Gabriela Rojas, Madrid, 22/05/2005; http://elpais.com/diario/2005/05/22/sociedad/1116712801_850215.html#DESPIECE_1 [06/10/2012, 18:48]

4.5 Entre tradición y progreso: la familia y la mujer

Identidad gitana: la familia "más larga"

Para los gitanos españoles, como para los otros grupos gitanos del mundo, la "familia" es la institución social fundamental, considerando bajo ese amplio concepto tanto los miembros más próximos que puedan residir con uno, los esposos, padres o hijos, como la "parentela" o demás parientes incluidos en la red de parentesco o en los "clanes" o "linajes" y que a menudo residen muy cerca.

parentela familia

Las relaciones familiares abarcan más parientes y son más intensas y cercanas que para el resto de los andaluces. Todavía, en gran medida, la sociedad gitana es una sociedad de parientes y grupo de parentesco, de "familias" o "razas" entendidas en múltiples sentidos.

pariente familiar

Sin embargo, el tipo de unidad familiar corresidente más frecuente entre los gitanos es la familia nuclear, esto es, la unidad compuesta por un matrimonio con sus hijos, acompañada a menudo de alguno de los abuelos o abuelas viudos. Las familias extensas (con varios matrimonios de la misma generación conviviendo juntos) son menos comunes de lo que generalmente se piensa.

corresidente personas que viven juntas
familia nuclear madre, padre, hijas, hijos

[…]

Los gitanos andaluces siguen casándose y teniendo hijos a edades más tempranas que los demás andaluces; son más precoces, por lo tanto, en formar nuevas unidades familiares. Al mantener

precoz prematuro

pauta norma, regla

pautas diferentes a las del resto de la población, los jóvenes gitanos y gitanas tienden a buscar cónyuge en su propio grupo étnico (a veces entre sus parientes). Es decir, el mantenimiento de pautas matrimoniales diferentes es un comportamiento de amplias consecuencias en la reproducción de una identidad separada y distinta.

[...]

filiación (f) procedencia

engarzar conectar

refugio abrigo, albergue

Los vínculos de parentesco, sobre todo la filiación, vinculan las "familias" extensas que residen en un asentamiento con sus familiares en otros pueblos, ciudades o provincias. Las familias gitanas se engarzan con frecuencia en grupos de parentesco más amplios y con cierta capacidad operativa en caso de conflicto violento, y ofreciendo a menudo refugio, apoyo y cooperación económica. [...]

Fragmento de: "Los gitanos andaluces: presente y futuro de una minoría étnica" por Juan F. Gamella; http://www.aloj.us.es/gicomcult/portada/37tx/28.htm [20/10/2012, 18:16]

La mujer, motor del cambio gitano

varón (m) hombre

titulado,a tener un título universitario

romaníes gitanos

errante nómada

chabola choza

El cambio empieza por las mujeres gitanas. Ellas se han convertido en las impulsoras de la transformación en esta comunidad, que agrupa a unas 650.000 personas en España. Aunque a menudo encuentran resistencias entre los varones de su propio grupo, son las protagonistas de una evolución que incluye la llegada a la Universidad: aún son muy pocos los gitanos titulados, pero ocho de cada diez titulados son mujeres. Sin embargo, se sienten discriminadas en el mundo laboral. El acceso a la salud (la edad media de los gitanos es 10 años inferior a la del resto) es una de las carencias de la comunidad gitana. A ella se han sumado romaníes llegados de Portugal y Europa del Este, cuya situación suele ser peor.

La abuela Herminia, gitana de 88 años, se casó cuando tenía 14 y tuvo 14 hijos. Vivió errante la mayor parte de su vida y asegura que muchas veces sufrió hambre. A sus hijos los crió a duras penas en una chabola en Lugo. Apenas aprendió a leer y a escribir y se dedicó sólo a su familia. Una de sus hijas, Concha, de 53 años, se casó a los 19 y tuvo tres hijos. Empezó la carrera de Magisterio, aunque no la terminó. Pudo mudarse con su familia a una vivienda de protección social y vende ropa en la feria en Ourense.

Una de los más de 100 nietos de Herminia, María José Jiménez, a quien todos conocen como Guru, acaba de cumplir 29, sigue soltera y piensa que cuando se case, tendrá sólo dos hijos "para poderles dar una carrera". Estudió Trabajo Social y es mediadora de programas de empleo en Vigo para los de su etnia, los gitanos.

Su hermana Irene tiene 26 años y también estudió una profesión. Su otro hermano, Manuel, de 27 años, no estudió y trabaja como guarda de seguridad en Ibiza.
La historia de las tres generaciones de esta familia ejemplifica el cambio en la vida de la mujer gitana, que aunque dista mucho aún de ser generalizado, está forzando progresivamente la integración de su comunidad en el resto de la sociedad española.

distar diferir (-ie-)

> Uno de los cambios significativos ha sido la reducción de los índices de natalidad.
> El 70% de la población gitana mayor de 20 años no tiene el título de graduado en ESO.
> La esperanza de vida de los gitanos es 10 años inferior a la media española.

índice (m) tasa

graduado,a de ESO *mit mittlerem Schulabschluss*

Fragmento del reportaje: "La mujer, motor del cambio gitano" por Ana Gabriela Rojas, Madrid, 22/05/2005; http://elpais.com/diario/2005/05/22/sociedad/1116712801_850215.html#DESPIECE_1 [21/10/2012, 11:44]

Relato de una vida

Noemí Manzano, Oviedo: "Mi hermano de 10 años me dijo 'pues yo quiero ir a la universidad como tú'"

En un día de diario Noemí se levanta, limpia y hace el trabajo de casa; a las cuatro recoge a sus hermanos del colegio y los lleva a casa y por la tarde va a la Iglesia o a casa de alguna amiga. Parecería un ejemplo común de la mayoría de chicas de su edad, si no fuera porque es una de las pocas mujeres gitanas en España que tienen un título universitario y está buscando trabajo como profesora. En su familia ha tenido ejemplos que seguir. Su madre estudió magisterio y es maestra, su padre es mediador de salud y ahora está poniendo en marcha un proyecto para abrir una escuela de PNL y coaching. No son los únicos que abrieron camino, también le ha servido como referente un primo suyo que, tras haber dejado los estudios para trabajar con su padre, decidió hacer la prueba de acceso a la universidad para mayores de 25 y ahora es educador social. "Se fue a estudiar a Harvard y todo y sigue estudiando sin parar". Ella en un principio no tenía pensado seguir este camino. Sus planes eran dejar el bachillerato para hacer un ciclo de dos años de Formación Profesional, "pero mi

magisterio *Lehramt für die Primarstufe*

PNL Programación neurolingüística; *(umstrittene) Methode mit dem Ziel der Optimierung/Veränderung der Kommunikation durch Erkenntnisse zur Art eigenen Sprechens*

madre me dijo, por un año más haces la carrera, tienes más salidas y es mucho mejor". Ahora, diplomada desde hace poco más de seis meses, cuenta que los tres años se le pasaron volando. Le gusta leer y desde pequeña ha participado en muchas actividades, "me gustaba mucho la natación; de pequeña iba a clase de dibujo, también estuve en piano. La filosofía me encanta también". Cuenta que su padre tiene muchos libros, aunque ella ya no lee tanto como antes. Es activa e inquieta y se da cuenta del ejemplo que supone para mucha gente, empezando por sus hermanos, que "le dicen a todo el mundo que su hermana está en la universidad. Mi hermano de 10 años me dijo 'pues yo quiero ir a la universidad como tú, voy a ser el primer gitano que voy a la universidad', me hizo gracia. Y tengo también un primo de 10 años que dice que quiere ser como yo".

La única gitana de la universidad

En la clase de Noemí nadie sabía que era gitana y algunas personas pensaban "que era mora o árabe". Ella no le daba importancia ni lo comentaba, pero cuenta que "como la gente no lo sabía hablaban mal de los gitanos, hasta que un día se lo dije y se quedaron…". Incluso vivió los prejuicios de su propia profesora, que en una clase de didáctica de la educación explicaba cómo había que tratar a los gitanos diciendo "que eran muy sucios, que vivían en la calle, que eran malos, que robaban… la gente me miraba a mí pero no dije nada para no estropearle la clase. Esperé a que terminara y fui a decirle mira yo soy gitana y tengo una vivienda, no vengo sucia, intento buscar un trabajo y no robo y no me meto con nadie. Se quedó muerta y me pidió mil perdones".

Así, rompiendo prejuicios, Noemí se ha sacado la diplomatura año a año, "el último saqué notables y sobresalientes". Ese fue el año que más le gustó, "y los profesores también fueron muy buenos conmigo". Pero los prejuicios son de doble dirección y Noemí también está rompiendo los que vienen de su propia comunidad, donde todavía mucha gente le dice que está apayada, algo que a ella, confiesa, le sienta mal. Aunque "hay de todo, hay gente que decía que estaba apayada y gente que se alegraba, que decían que era una honra para el pueblo gitano". Lo cierto es que Noemí se siente diferente. Tanto de muchas de sus conocidas gitanas, como de las payas. Piensa que "las gitanas tienen una mente muy cerrada, siempre están con esto de pensar mal. Te ven ir al centro de estudios, salir, o te ven con un grupo de compañeras o compañeros y lo ven mal". Al hablar de las payas dice que "tienen más libertades, porque quieras o no siendo gitana siempre tienes las leyes y eso lo sabes". Ella tiene claro que por

moro,a los árabes que vivieron en la España de los siglos VII hasta XV

estropear *verderben*

meterse con u.p. buscar conflictos

estar apayado,a adaptado a los no gitanos

más que estudie siempre estará el respeto que tiene que tener a sus padres y sus costumbres gitanas. Y sin dejar de sorprender a payos y gitanos, mientras busca trabajo se ha matriculado en un instituto universitario para estudiar un post-grado en enseñanza religiosa evangélica. Son dos años más de estudio, "pero mi madre dice que me lo puedo sacar en uno, porque es a distancia y tú puedes llevar tu ritmo. Me apunté hace nada y así hago algo de estudiar, porque si no estudias se te queda la mente..." Que tenga el empuje de haber llegado hasta aquí y seguir estudiando no significa que a veces Noemí no haya pasado por momentos de desánimo por sentirse fuera de lugar, "como tampoco veía ningún gitano en el mismo lugar que yo, me desanimaba muchísimo". Pero gracias al apoyo y los ánimos permanentes de su madre y a su propia fuerza de voluntad, ha ido superando los obstáculos.

empuje (m) esfuerzo

Volver al colegio

Vueltas de la vida, Noemí terminó haciendo las prácticas de fin de carrera en el mismo colegio donde ella había estudiado y al que ahora van sus hermanos. "Me encontré con la profesora que tenía hace 20 años. Cuando me vio se quedó alucinada". Le gustó mucho la experiencia y le sirvió para afianzarse en su convicción de que es lo que quiere hacer, siente que el trabajo con niños "es muy agradecido, ves los resultados, ves que aprenden cosas y luego es que te quieren muchísimo". Ahora está colaborando con una asociación a la que va dos días por semana para hacer apoyo escolar. No es fácil porque son niños y niñas de entre 9 y 14 años "un poco rebeldes". Toda una experiencia para ambas partes, porque "son todo gitanos. Están acostumbrados a ver gente paya y se quedaron asombrados". A veces a Noemí se le encoge un poco el alma cuando les escucha decir que no tienen cabeza para estudiar, que no valen, como un eco. "Tienen esta mentalidad ya y no se la quita nadie". Ella sabe que su mentalidad se la debe a su familia y también a sus estudios, que le han aportado el "cambiar la forma de pensar, ver que hay más allá". En la carrera perdió timidez y ganó conocimiento, "yo era muy cerrada y cuando empiezas a estudiar conoces a un montón de gente, aprendí muchas cosas. Aprendí muchísimo relacionándome con la gente". También cree que cada vez habrá más gitanas y gitanos estudiando y llegando a la universidad, "pienso que los padres cada vez se dan más cuenta, de aquí a algunos años no se va a ver raro". De hecho si tiene un sueño, es precisamente ése, que los gitanos y gitanas estudien, que lleguen como ella a la universidad. Tiene el deseo de poder crear un grupo de toda la gente gitana que está estudiando, algo que habló con las

alucinado,a deslumbrado, ilusionado

asombrado,a sorprendido

gitanas y gitanos que conoció en un encuentro en el que descubrió que había muchas personas que se sentían como ella pero no se conocían. "Quisiera que hubiera más encuentros de jóvenes gitanos para que viéramos que hay más gente, que no soy la única, que podemos aportar ideas". Y luego, entre risas, añade que también sueña con ser artista.

http://www.gitanos.org/publicaciones/empleo%20e%20inclusion/empleo_e_inclusion_social.pdf [23/10/2012, 11:38]

4.6 La cultura gitana

El pueblo gitano: unido por el enlace cultural

genuino,a auténtico, legítimo
moldear modelar, formar
ágrafo,a no escrito
vanguardia avance, progreso
compendio conjunto
desenvolverse desarrollarse

La cultura es la expresión más genuina de la cohesión de un grupo humano, de un pueblo. Pueden existir pueblos que no tengan territorio, que no tengan ni siquiera la pretensión de tenerlos, pero si mantienen su cultura, su "sentirse pueblo", pueden existir durante siglos. El mundo está lleno de ejemplos que nos demuestran hasta qué punto eso es así; los gitanos somos uno de esos pueblos; no somos más, pero tampoco menos.

Nuestra propia historia ha ido moldeando los rasgos más característicos de la cultura. Entre ellos destaca el hecho de la ausencia de literatura, propiamente gitana; en el sentido que podríamos hablar de literatura española o francesa.

La nuestra por lo tanto es una cultura ágrafa, hablada, transmitida de generación en generación y como consecuencia de ello, posiblemente más viva y representativa del conjunto del pueblo, que otras culturas que tienen su máxima expresión en las creaciones de las vanguardias intelectuales.

En ese sentido, para los gitanos lo que conforma la cultura es la lengua, las leyes gitanas y el compendio de tradiciones, costumbres y ritos y expresiones artísticas que el conjunto de los gitanos reconocen y aceptan como propias, en la medida que son expresiones de su vida cotidiana.

Pero la cultura es algo vivo, dinámico que se nutre del ambiente en donde se desenvuelve. Por eso también la cultura gitana está influida por el resto de la española y a su vez, al menos así se reconoce en sus expresiones más universalmente conocidas, mantiene influencias gitanas; aunque rara vez sea reconocido por el conjunto de los españoles.

Fragmento del artículo "Los gitanos en España" de Agustín Vega Cortés; http://www.unionromani.org/histo.htm [16/10/2012, 11:07]

Señas de identidad gitana: el flamenco

¿Qué es el flamenco?

"Y ser flamenco es cosa. Es tener otra carne, alma, pasiones, piel, instintos y deseos; es otro ver el mundo en el sentido grande; el sino en la conciencia, la música en los nervios, fiereza independiente, alegría con lágrimas, y la pena, la vida y el amor sombreciendo; odiar lo rutinario, el método que castra; embeberse en el cante, en el vino y los besos; convertir en un arte sutil, y de capricho y libertad de vida; sin aceptar el hierro de la mediocridad; poner todo a un envite; saborearse, darse, sentirse, vivir. Eso."

Joaquín García-Lavernia Gil: El libro del cante flamenco, Ediciones Rialp, S.A., Madrid 1991

fiereza ferocidad, violencia
sombrecer de la palabra 'sombra' = *Schatten*; hacer oscuro
castrar hacer infértil
embeberse absorberse
envite (m) invitación

'El flamenco es gitano'

El Instituto de Cultura Gitana, fundación pública del Ministerio de Cultura, ha emitido hoy "Somos gitanos, somos flamenco", un manifiesto que recuerda que la contribución gitana "debe ser reconocida como decisiva y fundamental en el nacimiento y desarrollo de este arte".
El pasado 16 de noviembre, el flamenco fue declarado Patrimonio Cultural Inmaterial de la Humanidad por la UNESCO, un organismo que cinco años antes rechazó la candidatura presentada por el Gobierno español.
"El Instituto de Cultura Gitana reitera con humildad, pero también con convicción, que España también es gitana. La declaración de la UNESCO es la demostración más evidente de ello, porque a veces se olvida por diferentes razones que no pretendemos analizar ahora, que el flamenco, que es de todos, también es gitano", enuncia el manifiesto.

humildad (f) modestia

delimitar limitar
forjar crear

La declaración difundida por el Instituto de Cultura Gitana delimita el territorio donde se forjó este arte: "El flamenco es, fundamentalmente, la música del pueblo gitano español, especialmente en Andalucía, y la de quienes han compartido nuestro sufrimiento".

El manifiesto, presentado hoy en la Filmoteca Española en Madrid, reconoce que el flamenco es "la filosofía musical de los flamencos, es decir, de los gitanos, sean de sangre o de sentimiento".

El texto añade que el flamenco "no es solo una música, sino una filosofía cultural" donde las familias gitanas han sido "las principales depositarias de este arte y quienes lo han transmitido oralmente de generación en generación".

minusvalorar despreciar

"Negar o minusvalorar la aportación gitana al flamenco es tan injusto como negar las aportaciones de las comunidades negras al jazz", expone el manifiesto.

Tío Luis el de la Juliana, El Planeta, Enrique 'El Mellizo', Manuel Torre, Antonio Mairena, Carmen Amaya, Manolo Caracol, Camarón y La Niña de los Peines son los nombres propios que aparecen en el manifiesto, leído por el coordinador de comunicación del Instituto de la Cultura Gitana, Joaquín López Bustamante.

bailaora bailadora de flamenco
cantaor cantador de flamenco

Entre los artistas que se han adherido a este manifiesto se encuentran Micaela Flores "La Chunga", bailaora; Juan Peña 'El Lebrijano', cantaor; Víctor Monge "Serranito", guitarrista; David Peña Dorantes, pianista y compositor; Antonio Maya, pintor; y Pedro Pubill 'Peret', cantante.

Enrique Morente (1942–2010), gran músico y compositor flamenco

Tras la presentación del manifiesto tuvo lugar la proyección de la película 'Flamenco', de Carlos Saura. Dicha sesión estuvo dedicada a Enrique Morente, que según el director del Instituto de la Cultura Gitana, Diego Fernández, "hubiera sido uno de los primeros firmantes del manifiesto".

EFE Agency, Madrid, 13/01/2011 [16/10/2012, 21:01]

El flamenco, un libro sonoro

de ahí que *daher, deshalb*
desgarro *hier etwa: herzzerreißender Schmerz*

El flamenco es el libro sonoro en el cual está escrita la historia de un pueblo a través de miles de letras que hablan de la pena y de la pobreza, del amor y de la alegría, de la lucha de los hombres por vencer la fatalidad de un destino que le viene impuesto solo por el hecho de haber nacido de una madre gitana. De ahí que los cantes gitanos puros no hablen jamás del conjunto de los hombres o de un hombre abstracto, sino que lo hace de un hombre concreto, un hombre gitano que habla de sí mismo. De ahí surge su autenticidad y su credibilidad. El desgarro de los cantes gitanos no es un dolor fingido o inventado. Su queja no está prendida como un abalorio, sino que expresa un padecimiento verdadero que antes del cante se ahogaba en el silencio y la impotencia.

Flamenco y gitano han sido sinónimos a lo largo de la historia. Los diferentes estilos o matices que constituyen los cantes fundamentales del flamenco, responden a las familias gitanas que los crearon y difundieron. Si decimos Bulerías de Jerez, tangos extremeños, o soleá de Alcalá, para diferenciarlos de otros sones, en realidad, estamos hablando de la forma en la que hacen esos cantes los gitanos de esas poblaciones.

[...]

El intento de reinventar la música gitana sin gitanos, constituye un verdadero saqueo cultural a los gitanos españoles, a los que se les pretende despojar de lo más preciado que poseen. Pero, además, constituye un gigantesco fraude al público, que se acerca a la música flamenca atraído por una autenticidad y una sinceridad que sin los gitanos el flamenco no posee, pues estos son el alma del flamenco, los que lo hacen creíble y le otorgan esa magia que lo ha convertido en una música sublime. Desgitanizar el flamenco es quitarle su espíritu y su verdad, pues desnudo de esos dos elementos constituyentes, perderá su excelsitud y su grandeza, la cultura española y andaluza, perderá una de sus referencias más singulares y los gitanos nos quedaremos sin la más importante insignia (quizá la única verdaderamente propia) de nuestra identidad colectiva.

por Agustín Vega Cortés, 31/07/2010; http://www.rebelion.org/noticia.php?id=110614 [16/10/2012, 21:00]

prender *befestigen*
abalorio *Glasperle*
padecimiento sufrimiento
ahogarse *ersticken*
saqueo robo
despojar robar, privar
fraude (m) engaño
otorgar dar
desnudo,a sin ropa
excelsitud (f) excelencia
insignia signo, distintivo

4.7 Discriminación e intolerancia

Manifestación contra el racismo y por el respeto mutuo

4.7.1 Marginación, racismo y represión

Resultados de un estudio reciente

Porcentaje de población que se ha sentido discriminada en los últimos doce meses, según situaciones

	Población gitana del este	Población gitana española
Entrevista de trabajo	40,0	47,8
Servicios públicos de empleo	16,8	30,3
Empresas de trabajo temporal	27,4	28,7
Compañeros/as de trabajo	23,3	18,8
Jefes/as	23,1	16,6
Cliente o proveedores	17,0	19,4
Compañeros/as de estudios	10,9	20,3
Profesores/as	16,7	18,3
Personal sanitario	33,9	53,9
Servicios sociales	27,1	38,2
Otras situaciones	47,7	39,8

http://www.gitanos.org/publicaciones/empleo%20e%20inclusion/empleo_e_inclusion_social.pdf [23/10/2012]

Actitudes de rechazo contra los *romà*

Poco tiempo después de la llegada a Europa de los primeros grupos gitanos empezaron a manifestarse **actitudes de rechazo** hacia esos extraños personajes que no se sabía muy bien de dónde venían, que vestían llamativos ropajes y hablaban una lengua incomprensible. Los viajeros rojos, diferentes a todo lo que conocían los nativos europeos, fueron despreciados y temidos por las gentes blancas que habitaban los pueblos y ciudades a donde llegaban las caravanas gitanas. Los gobiernos se hicieron eco de este sentimiento de rechazo y empezaron a articular políticas represivas y racistas.

Persecuciones y esclavitud

En el siglo XIV había gitanos rumanos que eran esclavos del rey, la iglesia o los terratenientes. Hasta el siglo XIX no se liberarían de este ominoso yugo. Joaquín Albaicín escribe: "Una de las categorías serviles en que fueron divididos los esclavos gitanos en Rumanía era la de los skopici: gitanos que eran brutalmente castrados para que sirvieran de cocheros a las damas de alcurnia sin riesgo para sus maridos". En el extremo occidental de Europa las cosas no fueron mejor. Los monarcas españoles construyeron piedra a piedra una completa legislación antigitana. [...]

El Holocausto nazi

El siglo XX trajo consigo más calamidades para los *romà*. En la Europa central nació el Holocausto nazi, que arrasó casi todo el continente. En 1934 el régimen nazi selecciona a los gitanos que deberán ser esterilizados con inyecciones o castrados, en campos como Dachau o Sachsenhausen. También en enero de 1940 tiene lugar la primera matanza en masa del Holocausto gitano: 250 niños son utilizados como conejillos de Indias para **experimentos científicos** en el campo de concentración de Buchenwald. El 1 de agosto de 1944, durante las primeras horas, 4.000 gitanos fueron gaseados e incinerados en Auschwitz-Birkenau, en una noche que se recuerda como *La noche de los gitanos (Zigeunernacht)*. Ian Hancock calcula que "al término de la II Guerra Mundial entre un 70% y un 80% de la población gitana ha sido aniquilada por los nazis". Más de medio millón de personas. Comienza el olvido.

Fragmento del artículo "Los gitanos en España" de Agustín Vega Cortés; http://www.unionromani.org/pueblo_es.htm [18/10/2012, 14:17]

terratenientes personas que poseen grandes latifundios
yugo *Joch*

alcurnia aristocracia, familias importantes

arrasar destruir

conejillo de Indias *Versuchskaninchen*

incinerado,a quemado

aniquilar asesinar, exterminar

Fünf Tage ohne Essen, ohne Wasser, ohne Klo

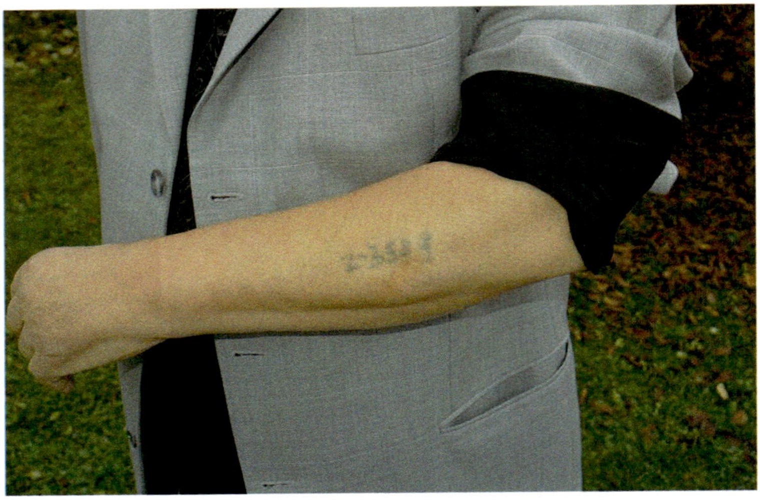

Hugo ist Sinti. Er ist neun Jahre alt, als das Haus seiner Eltern mitten in der Nacht umstellt und er mit seiner Familie weggebracht wird. Fünf Tage lang dauert die Fahrt von München nach Auschwitz. 60 Menschen, eingepfercht in einen fensterlosen Viehwaggon, ohne Essen, ohne Wasser, ohne Klo. „Den Gestank habe ich heute noch in der Nase."

Fünf Tage lang muss Hugo stehen. „Wer umgefallen ist oder sich hingesetzt hat, ist nicht mehr hochgekommen." Hugos Oma überlebt die Fahrt nicht. SS-Leute zerren die tote Frau aus dem Zug und werfen sie die Böschung hinab. „Ich kann gar nicht erklären, wie schlimm das war." Hugo kommt nach Auschwitz, von dort nach Ravensbrück, dann nach Mauthausen und schließlich nach Bergen-Belsen, wo die Briten den Elfjährigen im Jahr 1945 befreien.

Wer Hugo heute begegnet, trifft auf einen großen, kräftig gebauten Mann mit schneeweißen Haaren und pechschwarzem Schnurrbart. In einem modernen Reiheneckhaus im Ingolstädter Norden wohnt der 74-Jährige zusammen mit seiner Nichte, deren Tochter und Enkelsohn. Vor dem Haus steht ein schicker Geländewagen, im Garten ein Pavillon, unter dem Hugo im Sommer mit seinen Nachbarn oft noch ein Bier trinkt. Keiner von ihnen ahnt etwas von Hugos Schicksal.

http://einestages.spiegel.de/static/authoralbumbackground/540/auge_in_auge_mit_todesengel_mengele.html; Verf.: Frederik Obermaier [18/10/2012, 13:40]

4.7.2 Cómo se ven y cómo son vistos

"Sé cuando me miran raro, está en mi sangre"

El Lebrijano recibe el premio a la música del Instituto de Cultura Gitana por obras como 'Persecución', un grito poético contra el racismo.

Juan Peña, el *Lebrijano*, gitano, cantaor e hijo predilecto de su pueblo, aún recuerda cómo su padre se dedicaba a sacar de prisión a compadres encarcelados por no llevar encima la factura de la ropa que vestían. "Mi padre estaba bien considerado en el pueblo", cuenta, "era amigo del juez y les hacía de avalista". Mucho ha cambiado desde que las leyes franquistas obligaban a quien no fuera payo a garantizar que no habían robado lo que tenían, pero el Lebrijano aún lleva la persecución en el cuerpo: "Sé cuándo me miran raro, está en mi sangre", dice por teléfono, "son los cromosomas *morenos*".

El Instituto de Cultura Gitana, una fundación dependiente del Ministerio de Cultura, premia mañana como músico al Lebrijano con motivo del día internacional del pueblo *roma*, porque se le conoce en todo el mundo como artista y gitano y por obras como *Persecución*, donde rememora con versos de Félix Grande la llegada de los gitanos a España. El reconocimiento le emociona más que halagarle, "porque sea el pueblo gitano" el que le reconozca. Lo dice un hombre que posee la Medalla de Oro al Mérito en el Trabajo, concedida por Cultura, y que no sabe por qué se la dieron. Quizá fue porque en 51 años de vida dedicada a la música ha parido 37 obras, "y quiero llegar a las 40", dice; o porque en 1979 se convirtió en el primer *cantaor* flamenco en actuar en el Teatro Real.

Mañana comparte escenario con *La Excepción,* un grupo de rap del barrio madrileño de Pan Bendito. "El tema de la música nos une a todos", explica el cantaor, que ha puesto música a Gabriel García Márquez y que ha fusionado flamenco y música andalusí. No se es más gitano si se canta por soleá que si se recita a ritmo de *hip hop* porque "el cante es cante", para él la música "es el tiempo interior, el que te hace cantar sin medir".

Ese compás es el que salía de las casas gitanas cuando terminó la guerra civil, en una época en la que su música se convertía en la banda sonora de una nación en la que ellos eran perseguidos. Mientras en los teatros sonaban las bulerías y palos alegres de las óperas de Marchena, "los gitanos nos encerrábamos en casa y cantábamos cantes que duelen", recuerda. "La música buena, duele toda", dice el Lebrijano, que asegura que a él el arte, la

predilecto,a favorito, privilegiado

encima aquí: consigo

avalista persona que garantiza algo *(Bürge)*

rememorar traer a la memoria

reconocimiento *Anerkennung*

escenario *Bühne*

Guerra Civil (1936 -1939) Los republicanos lucharon contra los fascistas y perdieron la lucha. Empezó una época de supresión y persecución para muchas personas.

gracia, se la dio Dios: "Yo le decía a mi madre, 'mamá, ¿yo lloré en tu vientre?', y ella me contestaba que no, que yo canté". Y por mucho que cantar sea llorar, o llorar, cantar, a estas alturas Juan Peña solo quiere "estar siempre alegre".

Por Laura J. Varo, ELPAIS.com – Sociedad, Madrid, 07/04/2010; http://www.elpais.com/solotexto/articulo.html?xref=20100407elpepusoc_7&type=Tes

Detenido en Badajoz un clan familiar por tráfico de droga y detención ilegal

extorsionar engañar, robar

Retuvieron a una joven hasta en dos ocasiones, a la que extorsionaron

La operación antidroga desarrollada por la Guardia Civil en Badajoz y Zafra se ha saldado con la detención de 8 personas, todas de un mismo clan familiar, acusadas de tráfico de sustancias estupefacientes y de la detención ilegal de una mujer, a la que retuvieron hasta en dos ocasiones – una de ellas durante más de un día – por una deuda de drogas.

http://www.elperiodicoextremadura.com/noticias/badajoz/detenido-en-badajoz-un-clan-familiar por-trafico-de-droga-y-detencion-ilegal_662062.html [20/10/2012, 12:09]

Entrevista a José Ramón Murillo, en la actualidad comisario de la UCOT

UCOT Central Operativa Territorial del Cuerpo Nacional de Policía (CNP)

Pregunta: Se comenta que Son Banya es el 'súper' de la droga. ¿Está de acuerdo con dicha afirmación?
Murillo: "En Son Banya operan una serie de clanes, pero la venta de droga está muy repartida entre diferentes barriadas. Le puedo decir que habitualmente los clanes gitanos dedicados al tráfico de droga suelen tocar más la heroína y, a menor escala, la cocaína. Sí, en cambio, hay otros narcotraficantes que exclusivamente mueven cocaína y lo hacen en distintas zonas de Palma."

Por Julio Bastida, Palma de Mallorca, 01/11/2011; http://ultimahora.es/mallorca/noticia/sucesos/ultimas/un-kilo-de-droga-en-el-pais-de-origen-no-llega-a-los-1-000-euros-y-en-mallorca-se-vende-por-35-000.html (20/10/2012, 12:10; fragmento)

Un comentario

María Buades, hace 12 meses:
Yo creo que este comisario no ha querido decir que la droga la mueven los africanos de Son Gotleu y también los gitanos de Son Banya. Hay que hablar claro.

http://ultimahora.es/mallorca/noticia/sucesos/ultimas/un-kilo-de-droga-en-el-pais-de-origen-no-llega-a-los-1-000-euros-y-en-mallorca-se-vende-por-35-000.html [20/10/2012, 12:10]

Detenido un clan familiar que utilizaba a sus hijos para robar en joyerías

E. P., 07/08/2012, 12:54

La Guardia Civil ha detenido a ocho miembros de un clan familiar dedicado a los hurtos y estafas en joyerías y otros negocios de toda España, que utilizaba a sus hijos, que no estaban escolarizados y viajaban continuamente con el resto de la familia para llevar a cabo los asaltos. [...]

hurto *Raub*
estafa *Betrug*

asalto *Überfall*

Tres comentarios

¿Y porque no se dice la nacionalidad del clan? ¿Auto-censura?
Alain (07/08/2012, 23:47)

Gitanos y al igual extranjeros. Todos a la cárcel o a sus países de procedencia.
Stico (08/08/2012, 13:14)

Barcelona, 10 de agosto del 2012. Desde la Federació d'Associacions Gitanes de Catalunya (FAGiC) queremos mostrar nuestro más firme rechazo al tratamiento que sobre la noticia se ha hecho pública en varios medios de comunicación, como Terra TV, Tele 5, ATLAS noticias TV, Andalucía Información (versión digital), La Vanguardia-Andalucía, el pasado 7 de agosto a raíz de lo sucedido en Chiclana de la Frontera, Cádiz. Una situación que desborda lo razonable respecto a emitir una noticia en términos como "clan", "patriarca", "matriarca" para referirse a una familia y mencionar la pertenencia a la etnia gitana siempre en este sentido vinculante de delincuencia, como dejan bien claro en los artículos, "Niñas ladronas – Un clan gitano utiliza menores de edad para robar joyerías en toda España" o "El clan estaba dirigido por el "patriarca" y la "matriarca", que eran los que tomaban todas las decisiones."
Cristóbal (10/08/2012, 12:06)

Federació d'Associacions Gitanes de Catalunya (*cat.*) Federación de asociaciones gitanas de Cataluña

http://andaluciainformacion.es/andalucia/241452/detenido-un-clan-familiar-que-utilizaba-a-sus-hijos-para-robar-en-joyerias/ [20/10/2012, 12:23]

4.8 Los gitanos en la literatura

Placa informativa
Miguel de Cervantes Saavedra nació en 1547 en Alcalá de Henares y murió en 1616 en Madrid. Es uno de los poetas más famosos del mundo y su novela "El ingenioso hidalgo don Quijote de la Mancha" es considerada obra universal de validez eterna.

Miguel de Cervantes Saavedra: La gitanilla (1613)

Monumento a Cervantes: La gitanilla

El comienzo de la novela

Parece que los gitanos y gitanas solamente nacieron en el mundo para ser ladrones: nacen de padres ladrones, críanse con ladrones, estudian para ladrones y, finalmente, salen con ser ladrones corrientes y molientes a todo ruedo; y la gana del hurtar y el hurtar son en ellos como acidentes inseparables, que no se quitan sino con la muerte.

Una, pues, desta nación, gitana vieja, que podía ser jubilada en la ciencia de Caco, crió una muchacha en nombre de nieta suya, a quien puso nombre Preciosa, y a quien enseñó todas sus gitanerías y modos de embelecos y trazas de hurtar. Salió la tal Preciosa la más única bailadora que se hallaba en todo el gitanismo, y la más hermosa y discreta que pudiera hallarse, no entre los gitanos, sino entre cuantas hermosas y discretas pudiera pregonar la fama. Ni los soles, ni los aires, ni todas las inclemencias del cielo, a quien más que otras gentes están sujetos los gitanos, pudieron deslustrar su rostro ni curtir las manos; y lo que es más, que la crianza tosca en que se criaba no descubría en ella sino ser nacida de mayores prendas que de gitana, porque era en estremo cortés y bien razonada. Y, con todo esto, era algo desenvuelta, pero no de modo que descubriese algún género de deshonestidad; antes, con ser aguda, era tan honesta, que en su presencia no osaba alguna gitana, vieja ni moza, cantar cantares lascivos ni decir palabras no buenas. Y, finalmente, la abuela conoció el tesoro que en la nieta tenía; y así, determinó el águila vieja sacar a volar su aguilucho y enseñarle a vivir por sus uñas.

Salió Preciosa rica de villancicos, de coplas, seguidillas y zarabandas, y de otros versos, especialmente de romances, que los cantaba con especial donaire. Porque su taimada abuela echó de ver que tales juguetes y gracias, en los pocos años y en la mucha hermosura de su nieta, habían de ser felicísimos atractivos e incentivos para acrecentar su caudal; y así, se los procuró y buscó por todas las vías que pudo, y no faltó poeta que se los diese: que también hay poetas que se acomodan con gitanos, y les venden sus obras, como los hay para ciegos, que les fingen milagros y van a la parte de la ganancia. De todo hay en el mundo, y esto de la hambre tal vez hace arrojar los ingenios a cosas que no están en el mapa.

Crióse Preciosa en diversas partes de Castilla, y, a los quince años de su edad, su abuela putativa la volvió a la Corte y a su antiguo rancho, que es adonde ordinariamente le tienen los gitanos, en los campos de Santa Bárbara, pensando en la Corte vender su mercadería, donde todo se compra y todo se vende. Y la primera entrada que hizo Preciosa en Madrid fue un día de Santa Ana, patrona y abogada de la villa, con una danza en que iban ocho gitanas, cuatro ancianas y cuatro muchachas, y un gitano, gran bailarín, que las guiaba. Y, aunque todas iban limpias y bien aderezadas, el aseo de Preciosa era tal, que poco a poco fue enamorando los ojos de cuantos la miraban. De entre el son del tamborín y castañetas y fuga del baile salió un rumor que encarecía la belleza y donaire de la gitanilla, y corrían los muchachos a verla y los hombres a mirarla. Pero cuando la oyeron cantar, por ser la danza cantada, ¡allí fue ello! Allí sí que cobró aliento la fama de la gitanilla, y de común consentimiento de los diputados de la fiesta, desde luego le señalaron el premio y joya de la mejor danza; y cuando llegaron a hacerla en la iglesia de Santa María, delante de la imagen de Santa Ana, después de haber bailado todas, tomó Preciosa unas sonajas, al son de las cuales, dando en redondo largas y ligerísimas vueltas, cantó el romance siguiente: [...]

Fundación Biblioteca Virtual Miguel de Cervantes: Novela de la gitanilla (fragmento), edición de Florencio Sevilla Arroyo; http://www.cervantesvirtual.com/obra-visor/la-gitanilla--0/html/ff312792-82b1-11df-acc7-002185ce6064_1.html#I_1_ [10/02/2013]

Juan Ramón Jiménez: Platero y yo (elegía andaluza)

Juan Ramón Jiménez (1881 – 1958), poeta español, Premio Nobel de Literatura en 1956

Fragmento: Los Gitanos CX

Mírala, Platero. Ahí viene, calle abajo, en el sol de cobre, derecha, enhiesta, a cuerpo, sin mirar a nadie... ¡Qué bien lleva su pasada belleza, gallarda todavía, como en roble, el pañuelo amarillo de talle, en invierno, y la falda azul de volantes, lunareada de blanco! Va al Cabildo, a pedir permiso para acampar, como siempre, tras el cementerio. Ya recuerdas los tenduchos astrosos de los gitanos, con sus hogueras, sus mujeres vistosas, y sus burros moribundos, mordisqueando la muerte, en derredor.

¡Los burros, Platero! ¡Ya estarán temblando los burros de la Friseta, sintiendo a los gitanos desde los corrales bajos! –Yo estoy tranquilo por Platero, porque para llegar a su cuadra tendrían los gitanos que saltar medio pueblo, y, además, porque Rengel, el guarda, me quiere y lo quiere a él–. Pero, por amedrentarlo en broma, le digo, ahuecando y poniendo negra la voz:

–¡Adentro, Platero, adentro! ¡Voy a cerrar la cancela, que te van a llevar!

Platero, seguro de que no lo robarán los gitanos, pasa, trotando, la cancela, que se cierra tras él con duro estrépito de hierro y cristales, y salta y brinca, del patio de mármol al de las flores y de éste al corral, como una flecha, rompiendo– ¡brutote!–, en su corta fuga, la enredadera azul.

Juan Ramón Jiménez: Platero y yo. Elegía andaluza (fragmento); Taurus Ediciones S.A., Madrid 1972, p. 199s

cobre (m) metal rojizo
enhiesto,a derecho, erguido
gallardo,a elegante
pañuelo *Tuch*
volantes *Volants, Rüschen*
lunareado,a *getupft, gepunktet*
tenducho *Zelt*
astroso,a sucio
hoguera *Feuerstelle*
vistoso,a llamativo, hermoso
moribundo,a agonizante
mordisquear morder
derredor cercanía
corral *Gehege*

amedrentar intimidar
ahuecar la voz *mit tiefer Stimme sprechen*
cancela puerta

estrépito rumor
brincar juguetear, saltar

enredadera *Winde, Schlingpflanze*

5. Anexo: La poesía y Andalucía

Federico García Lorca

Federico García Lorca
(05/06/1898–19/08/1946)

Baladilla de los tres ríos

El río Guadalquivir
va entre naranjos y olivos.
Los dos ríos de Granada
bajan de la nieve al trigo.

¡Ay, amor
que se fue y no vino!

El río Guadalquivir
tiene las barbas granates.
Los dos ríos de Granada,
uno llanto y otro sangre.

¡Ay, amor
que se fue por el aire!

Para los barcos de vela
Sevilla tiene un camino;
por el agua de Granada
sólo reman los suspiros.

¡Ay, amor
que se fue y no vino!

Guadalquivir, alta torre
y viento en los naranjales.
Dauro y Genil, torrecillas
muertas sobre los estanques.

¡Ay, amor
que se fue por el aire!

¡Quién dirá que el agua lleva
un fuego fatuo de gritos!

¡Ay, amor
que se fue y no vino!

Lleva azahar, lleva olivas,
Andalucía a tus mares.

¡Ay, amor
que se fue por el aire!

Federico García Lorca: Antología poética (1918–1936), Editorial Losada, S. A., Buenos Aires 1957, p. 31s

La casada infiel

Y que yo me la llevé al río
creyendo que era mozuela,
pero tenía marido.
Fue la noche de Santiago
y casi por compromiso.
Se apagaron los faroles
y se encendieron los grillos.
En las últimas esquinas
toqué sus pechos dormidos,
y se me abrieron de pronto
como ramos de jacintos.

infiel *untreu*

mozuela no casada

farol linterna

grillo insecto (*Grille*)

pecho seno *(Brust)*

jacinto *Hyazinthe*

almidón (m) *(Wäsche-)Stärke*
enagua *Unterrock*
rasgado,a destrozado
copa *Baumkrone*
zarzamora *Brombeere*
junco *Binse*
espino *Weißdorn*
hoyo *Vertiefung*
limo barro
corbata *Krawatte*
corpiño *Mieder*
nardo planta que huele muy bien
caracola *Schnecke*
cutis piel (de la cara)
muslo pierna
lumbre (f) resplandor
potra caballo
nácar *Perlmutt*
brida *Zaumzeug*
estribo *Steigbügel*
comedido,a prudente, discreto
batir golpear
espada florete
lirio *Lilie*
costurero *Nähkasten*
raso *Satin*
pajizo,a amarillento

El almidón de su enagua
me sonaba en el oído,
como una pieza de seda
rasgada por diez cuchillos.
Sin luz de plata en sus copas
los árboles han crecido,
y un horizonte de perros
ladra muy lejos del río.

Pasadas las zarzamoras,
los juncos y los espinos,
bajo su mata de pelo
hice un hoyo sobre el limo.
Yo me quité la corbata.
Ella se quitó el vestido.
Yo el cinturón con revólver.
Ella sus cuatro corpiños.
Ni nardos ni caracolas
tienen el cutis tan fino,
ni los cristales con luna
relumbran con ese brillo.
Sus muslos se me escapaban
como peces sorprendidos,
la mitad llenos de lumbre,
la mitad llenos de frío.
Aquella noche corrí
el mejor de los caminos,
montado en potra de nácar
sin bridas y sin estribos.
No quiero decir, por hombre,
las cosas que ella me dijo.
La luz del entendimiento
me hace ser muy comedido.
Sucia de besos y arena
yo me la llevé del río.
Con el aire se batían
las espadas de los lirios.
Me porté como quien soy.
Como un gitano legítimo.
Le regalé un costurero
grande de raso pajizo,
y no quise enamorarme
porque teniendo marido
me dijo que era mozuela
cuando la llevaba al río.

Federico García Lorca: Romancero Gitano. Poeta en Nueva York. Llanto por Ignacio Sánchez Mejías, Editorial Óptima, Barcelona 1999, p. 27ss

Llanto por Ignacio Sánchez Mejías (1935)

1. La cogida y la muerte

A las cinco de la tarde.
Eran las cinco en punto de la tarde.
Un niño trajo la blanca sábana
a las cinco de la tarde.
Una espuerta de cal ya prevenida
a las cinco de la tarde.
Lo demás era muerte y solo muerte
a las cinco de la tarde.

El viento se llevó los algodones
a las cinco de la tarde.
Y el óxido sembró cristal y níquel
a las cinco de la tarde.
Ya luchan la paloma y el leopardo
a las cinco de la tarde.
Y un muslo con un asta desolada
a las cinco de la tarde.
Comenzaron los sones de bordón
a las cinco de la tarde.
Las campanas de arsénico y el humo
a las cinco de la tarde.
En las esquinas grupos de silencio
a las cinco de la tarde.
¡Y el toro solo corazón arriba!
a las cinco de la tarde.
Cuando el sudor de nieve fue llegando
a las cinco de la tarde,
cuando la plaza se cubrió de yodo
a las cinco de la tarde,
la muerte puso huevos en la herida
a las cinco de la tarde.
A las cinco de la tarde.
A las cinco en punto de la tarde.

Un ataúd con ruedas es la cama
a las cinco de la tarde.
Huesos y flautas suenan en su oído
a las cinco de la tarde.
El toro ya mugía por su frente
a las cinco de la tarde.
El cuarto se irisaba de agonía
a las cinco de la tarde.
A lo lejos ya viene la gangrena

espuerta de cal cesta de cal *(Kalk)*

muslo parte de la pierna asta *(Horn)*

bordón (m) *Basssaite*

campana *Glocke*

ataúd féretro, sarcófago

mugir aullar, gritar

irisar resplandecer

gangrena aquí: mal

a las cinco de la tarde.
Trompa de lirio por las verdes ingles
a las cinco de la tarde.
Las heridas quemaban como soles
a las cinco de la tarde,
y el gentío rompía las ventanas
a las cinco de la tarde.
A las cinco de la tarde.
¡Ay qué terribles cinco de la tarde!
¡Eran las cinco en todos los relojes!
¡Eran las cinco en sombra de la tarde!

ingle (f) *Leiste*

2. La sangre derramada

derramar difundir

¡Que no quiero verla!

Dile a la luna que venga,
que no quiero ver la sangre
de Ignacio sobre la arena.

¡Que no quiero verla!

La luna de par en par.
Caballo de nubes quietas,
y la plaza gris del sueño
con sauces en las barreras.

sauce (f) *Trauerweide*

¡Que no quiero verla!
Que mi recuerdo se quema.
¡Avisad a los jazmines
con su blancura pequeña!

¡Que no quiero verla!
La vaca del viejo mundo
pasaba su triste lengua
sobre un hocico de sangres
derramadas en la arena,
y los toros de Guisando,
casi muerte y casi piedra,
mugieron como dos siglos
hartos de pisar la tierra.
No.
¡Que no quiero verla!

hocico boca

Por las gradas sube Ignacio
con toda su muerte a cuestas.
Buscaba el amanecer,
y el amanecer no era.
Busca su perfil seguro,

grada peldaño
a cuestas *auf dem Rücken*

y el sueño lo desorienta.
Buscaba su hermoso cuerpo
y encontró su sangre abierta.
¡No me digáis que la vea!
No quiero sentir el chorro
cada vez con menos fuerza;
ese chorro que ilumina
los tendidos y se vuelca
sobre la pana y el cuero
de muchedumbre sedienta.
¡Quién me grita que me asome!
¡No me digáis que la vea!

No se cerraron sus ojos
cuando vio los cuernos cerca,
pero las madres terribles
levantaron la cabeza.
Y a través de las ganaderías,
hubo un aire de voces secretas
que gritaban a toros celestes,
mayorales de pálida niebla.
No hubo príncipe en Sevilla
que comparársele pueda,
ni espada como su espada,
ni corazón tan de veras.
Como un río de leones
su maravillosa fuerza,
y como un torso de mármol
su dibujada prudencia.
Aire de Roma andaluza
le doraba la cabeza
donde su risa era un nardo
de sal y de inteligencia.
¡Qué gran torero en la plaza!
¡Qué gran serrano en la sierra!
¡Qué blando con las espigas!
¡Qué duro con las espuelas!
¡Qué tierno con el rocío!
¡Qué deslumbrante en la feria!
¡Qué tremendo con las últimas
banderillas de tiniebla!

Pero ya duerme sin fin.
Ya los musgos y la hierba
abren con dedos seguros
la flor de su calavera.

chorro *Schwall, Strahl*

tendido (taur.) *Sperrsitz*
volcarse inclinarse
pana terciopelo
cuero *Leder*
sediento,a que tiene sed
asomarse acercarse

ganadería hacienda

mayoral pastor

nardo planta bienoliente *(Narde)*

espiga *Ähre*
espuelas *Sporen*
deslumbrante impresionante

Placa informativa
banderilla *(taur.): dünner Stab mit Eisenspitze, den der Torero dem Stier sachte in den Nacken sticht, um ihn zu reizen*

tiniebla oscuridad
musgo *Moos*
calavera cabeza de una persona muerta *(Totenkopf)*

Y su sangre ya viene cantando:
cantando por marismas y praderas,
resbalando por cuernos ateridos,
vacilando su alma por la niebla,
tropezando con miles de pezuñas
como una larga, oscura, triste lengua,
para formar un charco de agonía
junto al Guadalquivir de las estrellas.
¡Oh blanco muro de España!
¡Oh negro toro de pena!
¡Oh sangre dura de Ignacio!
¡Oh ruiseñor de sus venas!
No.
¡Que no quiero verla!
Que no hay cáliz que la contenga,
que no hay golondrinas que se la beban,
no hay escarcha de luz que la enfríe,
no hay canto ni diluvio de azucenas,
no hay cristal que la cubra de plata.
No.
¡¡Yo no quiero verla!!

resbalar deslizar, caer
pezuña *Klaue, Huf*
charco hoyo
ruiseñor (m) pájaro que canta muy bien
cáliz (m) vaso, copa
golondrina pájaro que regresa del sur en la primavera
escarcha *Raureif*
diluvio inundación

3. Cuerpo presente

La piedra es una frente donde los sueños gimen
sin tener agua curva ni cipreses helados.
La piedra es una espalda para llevar al tiempo
con árboles de lágrimas y cintas y planetas.

Yo he visto lluvias grises correr hacia las olas
levantando sus tiernos brazos acribillados,
para no ser cazadas por la piedra tendida
que desata sus miembros sin empapar la sangre.

Porque la piedra coge simientes y nublados,
esqueletos de alondras y lobos de penumbra;
pero no da sonidos, ni cristales, ni fuego,
sino plazas y plazas y otra plaza sin muros.

Ya esta sobre la piedra Ignacio el bien nacido.
Ya se acabó; ¿qué pasa? Contemplad su figura:
la muerte le ha cubierto de pálidos azufres
y le ha puesto cabeza de oscuro minotauro.

Ya se acabó. La lluvia penetra por su boca.
El aire como loco deja su pecho hundido,
y el Amor, empapado con lágrimas de nieve,
se calienta en la cumbre de las ganaderías.

gemir suspirar, llorar
cinta lazo
acribillado,a perforado
empapar hacer húmedo, mojar
simiente semilla, grano
alondra *Lerche*
penumbra sombra
azufre (m) *Schwefel*
cumbre (f) punto más alto de un monte

¿Qué dicen? Un silencio con hedores reposa.
Estamos con un cuerpo presente que se esfuma,
con una forma clara que tuvo ruiseñores
y la vemos llenarse de agujeros sin fondo.

hedor (m) muy mal olor

¿Quién arruga el sudario? ¡No es verdad lo que dice!
Aquí no canta nadie, ni llora en el rincón,
ni pica las espuelas, ni espanta la serpiente:
aquí no quiero más que los ojos redondos
para ver ese cuerpo sin posible descanso.

arrugar doblar
sudario mortaja *(Leichentuch)*

Yo quiero ver aquí los hombres de voz dura.
Los que doman caballos y dominan los ríos:
los hombres que les suena el esqueleto y cantan
con una boca llena de sol y pedernales.

domar *zähmen*

Aquí quiero yo verlos. Delante de la piedra.
Delante de este cuerpo con las riendas quebradas.
Yo quiero que me enseñen dónde está la salida
para este capitán atado por la muerte.

rienda *Zügel*
quebrado,a roto

Yo quiero que me enseñen un llanto como un río
que tenga dulces nieblas y profundas orillas,
para llevar el cuerpo de Ignacio y que se pierda
sin escuchar el doble resuello de los toros.

resuello suspiro, sollozo

Que se pierda en la plaza redonda de la luna
que finge cuando niña doliente res inmóvil;
que se pierda en la noche sin canto de los peces
y en la maleza blanca del humo congelado.

doliente apenado,a
res (f) toro
maleza matorral (m), espesura

No quiero que le tapen la cara con pañuelos
para que se acostumbre con la muerte que lleva.
Vete, Ignacio: No sientas el caliente bramido.
Duerme, vuela, reposa: ¡También se muere el mar!

bramido hillido, grito

4. Alma ausente

No te conoce el toro ni la higuera,
ni caballos ni hormigas de tu casa.
No te conoce el niño ni la tarde
porque te has muerto para siempre.

higuera árbol donde crecen los higos
hormiga insecto

No te conoce el lomo de la piedra,
ni el raso negro donde te destrozas.
No te conoce tu recuerdo mudo
porque te has muerto para siempre.

raso *Satin*
destrozar destruir

El otoño vendrá con caracolas,
uva de niebla y montes agrupados,
pero nadie querrá mirar tus ojos
porque te has muerto para siempre.

Porque te has muerto para siempre,
como todos los muertos de la Tierra,
como todos los muertos que se olvidan
en un montón de perros apagados.

No te conoce nadie. No. Pero yo te canto.
Yo canto para luego tu perfil y tu gracia.
La madurez insigne de tu conocimiento.
Tu apetencia de muerte y el gusto de su boca.
La tristeza que tuvo tu valiente alegría.

insigne famoso
apetencia gana

Tardará mucho tiempo en nacer, si es que nace,
un andaluz tan claro, tan rico de aventura.
Yo canto su elegancia con palabras que gimen
y recuerdo una brisa triste por los olivos.

gemir (-i-) llorar, sollozar

Federico García Lorca: Antología poética (1918–1936), Editorial Losada, S. A., Buenos Aires 1957, p. 199ss

Miguel Hernández
(30/10/1910–28/03/1942)

Miguel Hernández

Aceituneros

Andaluces de Jaén,
aceituneros altivos,
decidme en el alma: ¿quién,
quién levantó los olivos?

No los levantó la nada,
ni el dinero, ni el señor,
sino la tierra callada,
el trabajo y el sudor.

Unidos al agua pura
y a los planetas unidos,
los tres dieron la hermosura
de los troncos retorcidos.

Levántate, olivo cano,
dijeron al pie del viento.
Y el olivo alzó una mano
poderosa de cimiento.

Andaluces de Jaén,
aceituneros altivos,
decidme en el alma: ¿quién
amamantó los olivos?

Vuestra sangre, vuestra vida,
no la del explotador
que se enriqueció en la herida
generosa del sudor.

No la del terrateniente
que os sepultó en la pobreza,
que os pisoteó la frente,
que os redujo la cabeza.

Árboles que vuestro afán
consagró al centro del día
eran principio de un pan
que sólo el otro comía.

¡Cuántos siglos de aceituna,
los pies y las manos presos,
sol a sol y luna a luna,
pesan sobre vuestros huesos!

Andaluces de Jaén,
aceituneros altivos,
pregunta mi alma: ¿de quién,
de quién son estos olivos?

Jaén, levántate brava
sobre tus piedras lunares,
no vayas a ser esclava
con todos tus olivares.

Dentro de la claridad
del aceite y sus aromas,
indican tu libertad
la libertad de tus lomas.

Incluido en: Miguel Hernández, El hombre y su poesía. Antología. Ed. Juan Cano Ballesta, CÁTEDRA, Letras Hispánicas, n° 2

Rafael Alberti

Rafael Alberti
(16/12/1902–28/10/1999)

Si yo hubiera podido, oh Cádiz…

¡Si yo hubiera podido, oh Cádiz, a tu vera,
hoy, junto a ti, metido en tus raíces,
hablarte como entonces,
como cuando descalzo por tus verdes orillas
iba a tu mar robándole caracoles y algas!

Bien lo merecería, yo sé que tú lo sabes,
por haberte llevado tantos años conmigo,
por haberte cantado casi todos los días,
llamando siempre Cádiz a todo lo dichoso,
lo luminoso que me aconteciera.

Siénteme cerca, escúchame
Igual que si mi nombre, si todo yo tangible,
proyectado en la cal hirviente de tus muros,
sobre tus farallones hundidos o en los huecos
de tus antiguas tumbas o en las olas te hablara.
Hoy tengo muchas cosas, muchas más que decirte.

Libro del mar, Editorial Lumen, Barcelona 1968; Selección de Aitana Alberti y fotografías de F. Catalá Roca

Gustavo Adolfo Bécquer
(17/02/1836–22/12/1870)

Gustavo Adolfo Bécquer

A Elisa

Para que los leas con tus ojos grises,
para que los cantes con tu clara voz,
para que se llenen de emoción tu pecho,
hice mis versos yo.

Para que encuentren en tu pecho asilo
y les des juventud, vida, calor,
tres cosas que yo no puedo darles,
hice mis versos yo.

Para hacerte gozar con mi alegría,
para que sufras tú con mi dolor,
para que sientas palpitar mi vida,
hice mis versos yo.

Para poder poner ante tus plantas
la ofrenda de mi vida y de mi amor,
con alma, sueños rotos, risas, lágrimas,
hice mis versos yo.

Gustavo Adolfo Bécquer: Rimas y Leyendas. 100 Clásicos universales, Ed. Pueyo Arenal, Madrid, p. 53

Luis de Góngora
(11/07/1561–24/05/1627)

Luis de Góngora

La más bella niña

La más bella niña
de nuestro lugar,
hoy viuda y sola
y ayer por casar,
viendo que sus ojos
a la guerra van,
a su madre dice
que escucha su mal:
Dexadme llorar,
orillas del mar.
Pues me distes, madre,
en tan tierna edad
tan corto el placer,
tan largo el penar,
y me cautivastes
de quien hoy se va
y lleva las llaves
de mi libertad.
Dexadme llorar,
orillas del mar.
En llorar conviertan
mis ojos de hoy más
el sabroso oficio
del dulce mirar,
pues que no se pueden
mejor ocupar
yéndose a la guerra
quien era mi paz.
Dexadme llorar,
orillas del mar.
No me pongáis freno
ni queráis culpar,

que lo uno es justo,
lo otro por demás.
Si me queréis bien
no me hagáis mal;
harto peor fué
morir y callar.
Dexadme llorar,
orillas del mar.
Dulce madre mía,
¿quién no llorará,
aunque tenga el pecho
como un pedernal,
y no dará voces
viendo marchitar
los más verdes años
de mi mocedad?
Dexadme llorar,
orillas del mar.
Váyanse las noches,
pues ido se han
los ojos que hacían
los míos velar;
váyanse, y no vean
tanta soledad
después que en mi lecho
sobra la mitad.
Dexadme llorar,
orillas del mar.

Las mil mejores poesías de la Lengua Castellana, Ediciones Ibéricas, Madrid, ca. 1960, p. 151s

Gutierre de Cetina

Gutierre de Cetina (1520–1557)

Ojos claros y serenos

Ojos claros, serenos,
si de un dulce mirar sois alabados,
¿por qué, si me miráis, miráis airados?
Si cuanto más piadosos,
más bellos parecéis a aquel que os mira,
no me miréis con ira,
porque no parezcáis menos hermosos.
¡Ay tormentos rabiosos!
Ojos claros, serenos,
ya que así me miráis, miradme al menos.

Poesía del Siglo de oro para niños, Editorial La Torre, Madrid 1997, p. 70

Bildquellenverzeichnis

S. 6: o.: Günther Einecke, u.l.: © Jürgen Priewe – Fotolia.com, u.r.: © laguna35 – Fotolia.com; S. 7: o.: http://www.kessiner.de/Spanien_andalucia.jpg, u.: Franz-Josef Domke/Verlagsarchiv Schöningh; S. 8 und 9: http://www.educaplus.org/climatic/07_cmg_europa.html, © educaplus.org; S. 11: http://www.abc.es/Media/201203/27/cola--644x300.jpg; © Diario ABC; S. 12: o.: © picture-alliance/Bildagentur Huber, u.: Volker Einecke; S. 13: © picture-alliance/Herve Champollion/akg-images; S. 14: Günther Einecke; S. 15: Monika Breuckmann; S. 16: o.: Günther Einecke,u.: © picture-alliance/dpa; S. 20: © picture-alliance/ZB; S. 21: l.: Günther Einecke, r.: Monika Breuckmann; S. 22: Günther Einecke; S. 23: © picture-alliance;S. 26: l.: © picture-alliance/dpa, M.: © picture-alliance/Hinrich Bäsemann, r.: © picture-alliance/dpa/dpaweb; S. 30: © picture-alliance/Peter Brenneken; S. 31: © picture-alliance/dpa; S. 33: © picture-alliance/Hinrich Bäsemann; S. 38: Volker Einecke (4 Fotos), pimientos: © AGcuesta – Fotolia.com, riego: © picture-alliance/WILDLIFE, pesticidas und mar de plástico: © picture-alliance/dpa; S. 42 und 43: http://www.juntadeandalucia.es/agriculturaypesca/portal/export/sites/default/comun/galerias/galeriaDescargas/cap/servicio-estadisticas/estudios-e-informes/EL_Sector_agrario_AN_052012.pdf; © Consejería de Agricultura, Pesca y Medio Ambiente; S. 46: © Consejería de Agricultura, Pesca y Medio Ambiente; S. 50: o.l.: Günther Einecke, o.r.: © Jochem Wijnands/Lineair, M.: © Amnesty International, u.l.: © picture-alliance/dpa, u.r.: © allOver Galerie Photo; S. 52: http://upload.wikimedia.org/wikipedia/commons/b/b9/Movimiento_gitano.jpg/Franz-Josef Domke/Verlagsarchiv Schöningh; S. 53 und 55: http://www.unionromani.org/ pueblo_es.htm/Franz-Josef Domke/Verlagsarchiv Schöningh; © Agustín Vega Cortés; S. 57: o.: © Agencia EFE, Madrid, M.: http://www.gitanos.org/upload/85/27/vivienda_c_gitana.jpg - © Fundación Secretariado Gitano, u.: © picture-alliance/dpa; S. 58: http://juangarcia-gitano.blogspot.de/2012/07/httpwww.html, © FAGA, Murcia; S. 63: © picture-alliance/Maximilian Norz; S. 65: http://www.gitanos.org/publicaciones/empleo%20e%20inclusion/empleo_e_inclusion_social.pdf – © Fundación Secretariado Gitano; S. 69: l.: © picture-alliance/dpa, r.: picture-alliance/dpa © epa-Bildfunk; S. 72: http://periodismohumano.com/files/2012/05/gitanos-racismo3-600x316.jpg – © Unión Romaní; S. 74: Foto: Frederik Obermaier; S. 78: l.: © akg-images, r.: © Kadellar/wikipedia.org; S. 80: l.: © picture-alliance/dpa, r.: Juan Ramón Jiménez: Platero y yo. Elegía andaluza; Taurus Ediciones, Madrid 1972, p. 202; S. 81: © akg-images/RIA Nowosti; S. 82: Federico García Lorca: Romancero Gitano. Poeta en Nueva York. Llanto por Ignacio Sánchez Mejías, Editorial Óptima, Barcelona 1999, p. 27; S. 88: © picture-alliance/prismaarchivo; S. 89: © picture-alliance/dpa; S. 90: o.: © akg-images, u.: © picture-alliance/akg-images/Joseph Martin; S. 91: © Album/Oronoz/AKG

Der Verlag hat sich in allen Fällen bemüht, den jeweiligen Urheber ausfindig zu machen. Sollte trotz aller Bemühungen um korrekte Urheberangaben ein Irrtum unterlaufen sein, bitten wir darum, sich mit dem Verlag in Verbindung zu setzen, damit eventuelle Korrekturen vorgenommen werden können.